HERMANN SCHERER

DAS WUNDER

Nimm es an, wenn es dich trifft

Hermann Scherer
DAS WUNDER
Nimm es an, wenn es dich trifft

Lektorat: Ina Kleinod
Gestaltung: Kerstin Fiebig (ad department)
Covermotiv: © twenty20photos (envato)
Autorenfoto: © privat
Druck & Verarbeitung: NN

© Kamphausen Media GmbH, Bielefeld 2022
info@kamphausen.media | www.kamphausen.media

1. Auflage 2022

ISBN Printausgabe: 978-3-95883-584-9
ISBN E-Book: 978-3-95883-585-6

FSC
MIX
Papier aus verantwor-
tungsvollen Quellen
FSC® C089473

Bibliografische Information der Deutschen Nationalbibliothek.
Die Deutsche Nationalbibliothek verzeichnet diese Publikation in
der Deutschen Nationalbibliografie; detaillierte bibliografische
Daten sind im Internet über http://dnb.de abrufbar.

»Zweifel sind Verräter,
sie rauben uns, was wir gewinnen können,
wenn wir nur einen Versuch wagen.«

Shakespeare

INHALT

BETRIEBSGEHEIMNISSE

Ich habe keinen Vertraulichkeitsbereich, es gibt kein Hermann-Scherer-Secret hinter irgendeinem Schleier. Ich bin zeit meines Lebens bekannt dafür, dass ich immer alles erzähle. Nicht weil ich so redselig wäre, sondern weil ich glaube, dass man schlicht so gut wie kein Geheimnis haben sollte. Geheimnisse schwächen. Sie kosten Kraft, und sie sind eine Sollbruchstelle. Offene Geheimnisse sind deshalb auch Teil meiner Arbeit, und alle sagen mir immer, sie wären so dankbar dafür, dass ich so ultratransparent bin. Transparenz macht offensichtlich die Dinge leichter. Das wissen die wenigsten, denn normalerweise gibt man eben bestimmte Dinge nicht preis. Warum eigentlich nicht?

Mich hat der damalige Berliner Bürgermeister Klaus Wowereit sehr beeindruckt, als er sich outete und sagte: »Ich bin schwul – und das ist auch gut so!« Gerade weil es öffentlich wurde, war es kein Problem mehr. Es war, wie es war. Niemand hat sich damit lange beschäftigt. Ich sage auch immer, was ich denke oder fühle. Wenn ich Angst habe, sage ich, dass ich Angst habe. Meine Angst zu vertuschen oder so zu tun, als hätte ich sie nicht, fände ich anstrengender, als Angst zu haben. Deswegen habe ich keinen Vertrauensbereich oder Tabubereich, weil ich das anstrengend finde. Geheimnisse müssten ja verwaltet werden, und das würde mich Zeit kosten und Aufmerksamkeit, es würde mich unfrei machen. Wer beispielsweise eine Luge erzählt oder etwas versteckt, muss sich ständig darum kümmern, dass es auch so bleibt, dass er sich nicht verrät oder versehentlich doch damit rausrückt. Warum sollte ich mir das antun?

Wenn sich das jeder so zu eigen machen würde wie ich, gäbe es wahrscheinlich weniger persönliche Probleme und garantiert weniger Therapiebedarf. Weniger Erklärungsnot in der Öffentlichkeit und so weiter. Ohne Schleier zu wirtschaften, kann sehr erfolgreich sein, wie ich festgestellt habe. Also ist mein Lebensmotto: Es gibt keine Betriebsgeheimnisse bei Hermann Scherer.

Doch es gibt noch einen Grund für meine Offenheit, und der wiederum treibt mich an, dieses Buch zu schreiben. Es gibt nämlich etwas, das ich nicht für mich behalten kann, weil es mir nicht gehört. Etwas, das allen gehört, also auch Ihnen. Etwas, das wir uns sozusagen teilen, von Natur aus. Und davon möchte ich Ihnen erzählen. Etwas, das im Grunde gar kein Geheimnis ist, sondern ein Wunder.

WARUM ICH?

Warum musste ausgerechnet mir das passieren? Eine Frage, die sich wohl viele stellen, die glauben, Gott habe das Leid ungerecht verteilt. Sofern sie überhaupt an Gott glauben. Warum also ausgerechnet ich? Wieso unter knapp acht Milliarden Menschen unbedingt ich? Diese Frage stellte ich mir immer und immer wieder und war unfähig, darauf eine Antwort zu finden. Zumindest keine, die meinen Ansprüchen genügte, sofern man überhaupt Qualitätsansprüche an selbst gegebene Antworten stellen kann. Qualität hin oder her, die Antwort gefiel mir nicht. Sie war mir zu einfach, zu banal, zu oberflächlich.

Zugegeben, manchmal sind gerade die einfachen Antworten die wichtigen und richtigen. Sie sollten wissen, die Unzufriedenheit über die einzige Antwort, die ich mir selbst geben konnte, drängte mich überhaupt dazu, dieses Buch in Angriff zu nehmen. Und sie ließ mein Herz zögern, warten, zaudern und zweifeln. Dabei plädiere doch gerade ich so häufig und vehement gegen das Zweifeln! Wie auch immer, Sie halten das Ergebnis meiner Unzufriedenheit gerade in Ihren Händen. Für mich schließt sich damit ein Kreis, den ich vor langer Zeit begonnen habe zu zeichnen.

Wie viele Menschen stellen sich die Frage nach dem »ausgerechneten« Ich? Und in welchen Situationen im Leben wird diese Frage gestellt? Meistens, wenn alles schiefläuft, wenn etwas misslingt, wenn man verliert, scheitert, erkrankt, leidet. Der Himmel schüttet das Pech über einem aus und schon will man wissen: Warum ist mir das jetzt passiert? Wofür werde ich so bestraft? Wie oft habe ich mich diese Fragen selbst schon stellen gehört. Wie oft habe ich diese Fragen von anderen gehört. Jedoch – sofern mich meine Erinnerung nicht trügt oder gar auf Irrwege führt – stets nur in negativen Situationen. Ist Ihnen das schon mal aufgefallen? Wieso bloß immer dann, wenn es uns schlecht geht? Wenn wir uns als Opfer fühlen? Ich halte das für eine Opfer-Geisteshaltung. Noch nie habe ich jemanden gehört, der sich bei einem positiven Ereignis diese Frage stellte. Niemals habe ich jemanden fragen hören:

Warum habe ausgerechnet ich im Lotto gewonnen?
Warum bin ausgerechnet ich kerngesund?
Warum bin ausgerechnet ich ohne Kinderlähmung auf die Welt gekommen?

Ja, warum eigentlich? Die Anerkennung des Guten als etwas, das vor allem selbstverständlich zu sein hat, ist die Würdigung einer respektlosen Welt. Glück mag vielleicht unser Geburtsrecht sein, aber eine Selbstverständlichkeit ist es eben gerade nicht. Glück gehört nicht ins Regal der Mittelmäßigkeit, auf halber Höhe, sondern es steht ganz obendrauf und wir müssen uns alle danach ausstrecken. Das Gute ist verfügbar, wir können heranreichen, nur fehlt uns allgemein die Demut, es als das Besondere zu betrachten. Wann waren Sie das letzte Mal zutiefst dankbar? Und wofür?

Glück ist – genau wie Unglück – äußerst subjektiv und damit sehr geheimnisvoll. Seine Anwesenheit ist nie selbstverständlich und gehört genauso anerkannt und gewürdigt wie seine Abwesenheit. Wenn es also eine Warum-Frage gibt, dann die, warum wir das immer wieder vergessen. Wir Deutschsprachigen haben übrigens schon linguistisch ein besonderes Verhältnis zum Glück. In keiner anderen Sprache der Welt werden die Begriffe *lucky*, der für das Zufallsglück wie zum Beispiel einen Lottogewinn steht, und *happy*, der das Gefühl beschreibt, glücklich oder zufrieden zu sein, in nur einem Wort zusammengefasst: Glück. Doch ich will nicht ablenken, denn auch nach diesem gedanklichen Ausflug in die mysteriöse Welt des Glücks sind wir der Antwort auf die Frage, warum ausgerechnet Sie oder ich Glück oder Pech haben, nicht wesentlich näher gekommen. Wahrscheinlich ist es auch noch zu verfrüht, um darauf eine befriedigende Antwort geben zu können.

WENN GOTT GÄHNT

Das Ereignis, von dem ich Ihnen erzählen will, dauerte nur wenige Sekunden, quasi einen Wimpernschlag. Dessen umfassende Bedeutung dagegen könnte – ja, das mag pathetisch klingen – von unschätzbarem Wert für die Menschheit sein. Es scheint zwar geradezu unbegreiflich, wie ein einziger Augenblick die lange Geschichte der Menschheit – mindestens 2,4 Millionen

Jahre! – auch nur ein Quant verändern könnte, aber möglicherweise tut dieser es tatsächlich. Möglicherweise auch nicht. Denn vielleicht, aber auch nur vielleicht, ist dieses Ereignis, das mein ganz persönliches Erlebnis war, auch gar nicht so bedeutend und groß. Ich halte es inzwischen auch für naheliegend, dass schon viele Menschen etwas Ähnliches erlebt haben, nur dass sich die wenigsten getraut haben, darüber zu sprechen, schon gar nicht öffentlich. Und ich muss zugeben, ich habe es bisher auch nicht gewagt. Die Scham über das Erlebte war so groß, dass ich es am liebsten verheimlicht hätte. Warum eigentlich?

Die ganze Sache war mir einfach nicht geheuer und sie fühlte sich seltsam unbehaglich an. Letztlich sprach ich aber doch darüber. Hier kam mir zugute, dass ich mein Herz schon immer auf der Zunge trage und Menschen, auch ganz fremden, Dinge über mich und meine Welt erzähle, die andere nur über ihre Leiche preisgeben würden. Als die Scham gewichen war, stellte sich jedoch das nächste Problem ein, denn jetzt nistete sich ein Gefühl der Ratlosigkeit und der Unwissenheit in meinem Kopf ein – eben genau diese eine so entscheidende Frage: Warum passiert das gerade mir?

Um es gleich vorwegzunehmen, ich weiß es bis heute nicht sicher. Es mag – zumindest, soweit ich es überblicken kann – drei Gründe geben: Erstens, damit ich schlicht und ergreifend ein gesünderes oder längeres Leben habe. Das wäre ein Geschenk. Unabhängig davon, dass ich nicht von einem Schenker sprechen könnte, halte ich diese Option entschieden für die unwahrscheinlichste. Besteht doch einer meiner großen Makel ausgerechnet in der Geringschätzung des Lebens. Auch wenn mein Verstand jetzt laut aufschreit und versucht, diesen Satz sofort zu konkretisieren oder wenigstens zu erklären, kann ich das nicht. Das Wort »Geringschätzung« mag falsch sein, eine herabsetzende Umschreibung dessen, was ich zu erklären nicht in der Lage bin. Am ehesten noch könnte ich behaupten, Leben fühle sich für mich häufig als anstrengend, belastend und längst nicht immer lebenswert an. Manchmal verspüre ich sogar eine Sehnsucht – je nach Tag, Umständen und Situation –, ein Ende der ewig wiederholten Alltäglichkeit des Lebens zu erfahren. Mich von der »Lebenslast« zu befreien, mich ihrer zu entledigen, sie hinter mir zu lassen. Oder harmloser ausgedrückt, es fällt mir nicht immer leicht, das Leben, die Welt locker zu nehmen. Mir fehlt es an Leichtigkeit.

Das heißt nun nicht, dass ich mich umbringen wollen würde, ganz im Gegenteil. Ich bin ja nicht lebensmüde. Aber ein Weg, die manchmal empfundene Schwere abzuwerfen, wäre mir sehr willkommen. Sagen Sie jetzt nicht, dass Sie das selbst noch nie, noch nicht mal im Ansatz so empfunden haben. Apropos und immerhin: Jährlich begehen weltweit 800.000 Menschen Suizid – also alle 40 Sekunden einer! Man möchte es nicht glauben, aber es sterben in Deutschland deutlich mehr Menschen in »Eigenregie« als aufgrund von Verkehrsunfällen, Drogen und HIV zusammen. Oder, wenn Sie noch anders rechnen wollen: Mehr Menschen begehen Selbstmord, als von Soldaten, Terroristen und Kriminellen zusammen ermordet werden. Dabei ist Selbstmord durchaus keine freiwillige Handlung, sondern eine Art mentaler Zwang, ein unentrinnbarer Gedanke, der jemanden überkommt, dessen Leid stärker ist als seine (oder ihre) Fähigkeit, mit diesem Leid fertigzuwerden.

Doch ich will hier nicht über Suizid schreiben, vielmehr über den Mangel an Wertschätzung dem Leben gegenüber, den ich empfinde. Ich fühle weniger eine konkrete Geringschätzung als mehr den Mangel des Gegenteils. Ich bin in der Not zu weiteren Erklärungen, die ich Ihnen nicht geben kann, geschätzte Leserin, geschätzter Leser, oder auch dir, wenn ich mir die Bequemlichkeit und Nähe eines respektvollen »Du« erlauben darf. Es ist eine Art emotionaler Dürftigkeit, wo ich das Leben als bedeutsam und berauschend empfinden könnte, oder sollte? Und mit dieser etwas kargen Gefühlsausstattung stehe ich ein wenig abseits der Position, wo Menschen sich stets wie automatisch, teilweise sogar zwanghaft bemühen, ein Leben vor dem Tod zu leben. Alles aus dem Leben rausholen, ihm abgewinnen, abringen wollen. Was will man alles getan und erlebt haben, wohin gereist sein, wie viel aufs Konto einzahlen, bevor man sterben kann? Einen Baum pflanzen. Ein Haus bauen. Ein Kind zeugen. Das wäre der übliche Zugang: Fülle – und zwar möglichst viel davon.

In der Rolle des Advocatus Diaboli könnte ich nun eine gegenteilige Sicht auf das Leben entwerfen. Die durchschnittliche Lebenserwartung betrug für einen im Jahre 2015 geborenen Jungen 77 Jahre und 9 Monate. Ein großer Fortschritt im Vergleich zu 2010, als diese noch 77 Jahre und 4 Monate betrug. Die entsprechende Zahl für neugeborene Mädchen lautete 82 Jahre und 10 Monate im Vergleich zu 82 Jahren und 6 Monaten. Ich selbst finde auf meiner jährlichen Geburtstagstorte inzwischen eine so große Anzahl von Kerzen vor, dass das Ausblasen immer größere Schwierigkeiten hervorruft. Mein Alter bezeichne ich gerne als weit weg von neugeboren. Zu meiner Geburt war das statistische Durchschnittsalter für Jungen im Übrigen noch weitaus niedriger, genau genommen, lag es gerade mal bei circa 70 Jahren. Nun, wenn ich meine 70 Jahre in Relation setze mit 2,4 Millionen Jahren Menschheit, 4,6 Milliarden Jahren Erde, oder noch besser mit 13,7 Milliarden Jahren Universum, dann wären diese 70 Jahre für Gott – wenn er denn so alt ist wie das Universum – ungefähr zweimal gähnen.

Berechnungsgrundlage für die Analytiker: Unser Leben hätte einen prozentualen Anteil am Leben Gottes bis heute von (70 x 100 / 13700000000 = 5.10948905e-7) = 0,000000510948905 % und ein Gähnen von uns kostet statistisch gesehen 6,5 Sekunden (6,5 x 100 / 2207520000 = 2.94448068e-7) = 0,0000002.94448068.

Zweimal gähnen, das wäre die Zeit, die für Gott vergehen würde von unserer Geburt bis zu unserem Tod. Wenn er sich während des Gähnens noch die Augen reibt, dann bekommt er so ein Einzelleben womöglich gar nicht mit. Und dabei wissen wir gar nicht, wie lange unser Leben dauert und ob Gott überhaupt gähnt. Doch unabhängig davon, ob Gott gähnt oder nicht: Es gibt ihn. Er ist nur schwer zu erklären, um nicht gleich zu sagen, eigentlich gar nicht. Spätestens hier können Sie anfangen, mich für einen ausgemachten Hochstapler zu halten, denn ich komme nicht umhin, Sie in die Spannung zu versetzen, dass ich einerseits keine Erklärung für die Existenz Gottes – einigen wir uns besser gleich auf göttliche Kraft – habe, aber mit diesem Buch den Beweis dafür erbringe. Und um der Sache die Krone aufzusetzen: Ich bin ungläubig.

Aus der Zeitperspektive gesehen ist unsere Lebensdauer hier auf der Erde verdammt kurz. Noch dramatischer wird es, wenn wir die Raumperspektive einnehmen: Wir sind nur eine Winzigkeit auf dieser Welt, und wieviel kleiner sind wir erst in Relation zum Kosmos? Unser Planet ist ein winziger Punkt im sichtbaren All, in dem 500 Millionen Galaxienhaufen, 10 Milliarden große Galaxien, 100 Milliarden kleine Galaxien und 2 Milliarden Sonnen herumsurfen. Das Universum hat einen Durchmesser von rund 15 Milliarden Lichtjahren und könnte sogar selbst wiederum nur ein Pünktchen in einem sehr viel größeren Ganzen sein, das wir (noch) nicht erfassen können. Sie können sich das nicht vorstellen? Ich auch nicht.

Vergleichen wir die Reisezeiten, um wenigstens annähernd einen Verständnisbegriff davon zu bekommen: Wer einmal um die Welt fliegen will, kann recht schnell wieder zu Hause ankommen. Mit einer modernen Passagiermaschine ist eine Erdumrundung in weniger als zwei Tagen zu schaffen. Weitaus mehr Zeit kostet es, in einem Düsenflugzeug um die Sonne zu fliegen. Eine solche – natürlich fiktive – Reise würde ein halbes Jahr dauern. Doch das ist noch gar nichts. Verglichen mit dem roten Stern »UY Scuti« erscheint sogar die Sonne wie ein Zwerg. Für eine Umrundung der lodernden

Gaskugel benötigte ein Passagierjet rund 900 Jahre – das entspricht etwa dem Zeitraum von den Kreuzzügen bis zur Gegenwart. »UY Scuti« ist der größte Stern, den wir kennen. Und wir kennen noch nicht alle Sterne. Würde man »UY Scuti« auf die Größe eines Luftballons schrumpfen, hätte die Sonne im Verhältnis dazu nur noch die Größe eines Sandkorns. Verschwindend. Angesichts dessen und alles in allem scheint mir also meine Wenigkeit und Winzigkeit nicht genug Substanz zu haben in den Weltaltern und Äonen, um ausgerechnet darin einen plausiblen Grund für mein Erlebnis zu vermuten, mit einem langen Leben beschenkt zu werden.

Die zweite Option, die einerseits nah am Leben liegt und andererseits absolut an den Haaren herbeigezogen werden müsste, ist die Tatsache meiner Vaterschaft. Sosehr ich meine Kinder liebe, so offen muss ich gestehen, dass ich mich längst nicht immer wie ein guter Vater fühle. Wahrscheinlich bin ich dafür nicht prädestiniert und vor allem oft unfähig, es besser hinzukriegen. Ich wünschte, ich könnte liebevoller, herzlicher, empathischer, engagierter sein. Die ersten Jahre waren mehr durch meine Abwesenheit statt durch meine Anwesenheit geprägt. Ein Faktor, dessen Konsequenzen mir nicht angenehm sind. Für meine beiden Kinder ist mir nun durch das besondere Ereignis ein wenig mehr Lebenszeit beschert, um das eine oder andere zu tun, was ich in der Vergangenheit verpasst habe. Doch, auch wenn ich nach Kräften versuchen werde, hier nachzubessern und aufzuholen, scheint mir eine weitere Begründung für mein persönliches Wunder noch wahrscheinlicher zu sein.

Drittens, ich bin Redner und habe vor über einer Million Menschen gesprochen. Selbst das *Handelsblatt* schreibt über mich, »insgesamt hat er mehr als 3.000 Vorträge in etwa genauso vielen Unternehmen auf der ganzen Welt gehalten«. Ich bin Autor und habe über 50 Bücher in 18 Sprachen veröffentlicht, es gibt Tausende Presseveröffentlichungen von mir und über mich. Ich bin eine Quasselstrippe, noch dazu mit dem Herz auf der Zunge. Und mir wurde eine Erfahrung zuteil, die mich in die Pflicht oder zumindest in die Verantwortung nimmt, anderen davon zu berichten. Letztlich habe ich bisher alles, was ich weiß, veröffentlicht und mit einer Menge Menschen geteilt. Eine essenzielle Selbsterfahrung lässt sich von diesem Auftrag schlicht nicht ausschließen – auch wenn ich ahne, dass dieses Buch erst der Anfang ist von etwas, dessen Größe und Bedeutung und Konsequenzen ich einzuschätzen noch nicht einmal ansatzweise in der Lage bin. Dieses Risiko muss ich eingehen.

FALSCHE VERSPRECHUNGEN

Wie fing eigentlich alles an? Ich weiß nicht, ob Sie ein religiöser Mensch sind, aber mein Bezug zur Kirche war nie sonderlich groß. Als meine beiden älteren Schwestern im Freisinger Mariendom eine Doppelhochzeit feierten, war ich mit meinen zehn Jahren eine Art Nachhut der Brautjungfern und Brautführer. Ich durfte meine Schwestern und die dazugehörigen Männer zum Hochaltar begleiten und musste dann die ganze Zeit seitlich davor auf einem Bänkchen knien. Zu meinem Leidwesen und dem Leidwesen aller, in deren Blickfeld ich dort ausharrte, wurde mir – wie immer, wenn ich Weihrauch rieche – bald schon sehr übel. Ich hatte natürlich nicht den Mut, mich aus meiner »heiligen Position« zu lösen und das Gebäude unter strafenden Augen zu verlassen. Daher blieb ich wie angewurzelt an meinem Platz, weder fähig, das bedrohliche Geschehen in meinem Körper aufzuhalten, noch in der Lage, mich auf sicheres Terrain zu bringen. Schließlich, unvermeidlich, mitten in der Trauzeremonie, übergab ich mich vor allen Gästen direkt auf das Samtdeckchen des Kirchgestühls. Nun war ich von dem Schock derartig gelähmt, dass ich immer noch nicht wagte, mich zu bewegen. Ich blieb einfach vor meinem Erbrochenen sitzen. Glücklicherweise schlich sich dann doch eine barmherzige Freundin meiner Mutter zu mir nach vorne und entsorgte mich und mein Dilemma auf den Kirchenhof.

Auch in den folgenden Jahren wurden der Weihrauch und ich nie Freunde, denn die Übelkeit stellte sich so gut wie bei jedem Kirchenbesuch ein und die Fortsetzung dessen, nämlich Vorfälle des Erbrechens, hatte ich häufig zu erdulden. Davon abgesehen hatte ich fast immer Schwierigkeiten, dem liturgischen Geschehen bei der Messe zu folgen, geschweige es überhaupt zu verstehen. Dabei taten meine Eltern ihr Bestes, um mich zu motivieren. Das Wort Motivation ist wohl eher ein Euphemismus, tatsächlich empfand ich jeden Kirchenbesuch als Zwang. Zumal, und das begann mich irgendwann richtig stutzig zu machen, meine Eltern darauf beharrten, mich in die Kirche zu schicken, während sie selbst zu keinem Zeitpunkt deren Schwelle betraten. Sie gingen nie – wirklich niemals! – in die Kirche, abgesehen von Anlässen, die ihr Erscheinen zwingend machten, beispielsweise Beerdigungen und romantischen Weihnachtsmessen. Warum sollte also ich meine Zeit in der Kirche vergeuden?

Was aber noch viel schwerer wog: Ich fühlte mich von Gott ziemlich alleingelassen. In meiner Kindheit hatte ich ganz häufig Bauchschmerzen und verbrachte oft eine lange und vor allem qualvolle Zeit auf der Toilette. Immer, wenn die Schmerzen für mich in den Bereich des gefühlt Unerträglichen gingen, begann ich, mit Gott zu sprechen. Zugegeben, es war ein Monolog, aber ich sprach mit ihm. Und in meiner Angst, unter diesen Schmerzen und der erlittenen Einsamkeit auf der Toilettenschüssel begann ich vor Verzweiflung, Gott Dinge zu versprechen. Ich versprach ihm in meiner Not, wenn die Schmerzen nur nachlassen würden, eine gewisse Anzahl von Kirchenbesuchen zu tätigen. Dummerweise hatte ich so oft Bauschmerzen, dass sich mit der Zeit mehr als genug versprochene Kirchenbesuche anhäuften, was mich wiederum überforderte. So kam ich anfangs meiner selbst auferlegten Verpflichtung noch regelmäßig nach, dann nur noch bedingt und später gar nicht mehr.

Es war ein Teufelskreis, denn nun begann ich ein schlechtes Gewissen zu haben. Immerhin hatte ich Gott angelogen, mindestens enttäuscht. Sie können sich denken, dass mir das unglaublich peinlich war. Schließlich verselbstständigten sich meine Befürchtungen ob unserer gestörten Beziehung, dass ich irgendwann überhaupt davon ausging, dass meine anhaltenden

Bauchkrämpfe eine Strafe Gottes für mein Fehlverhalten und meine Lügen waren. Und immer wieder stand ich in der Versuchung, ihm Kirchenbesuche und andere Opfer zu versprechen, wenn er mir doch bitte nur verzeihen und schnellstens Linderung schicken möge. Während all dieser sich im Kreis drehenden Not-, Zuflucht- und Straflagen wurde mir immerhin klar: Die Wahrscheinlichkeit wäre sehr groß, am Ende doch nur mich selbst und – noch viel schlimmer – auch Gott anzulügen. Das wollte ich auf gar keinen Fall. So kam letztlich der Moment, da ich, wieder einmal in Bredouille und mit heruntergelassener Hose auf dem Klosett hockend, entschlossen wie verunsichert zu Gott nach oben schaute und mein aktuell noch unausgesprochenes Versprechen herunterschluckte. Stattdessen sagte ich zu ihm, dass ich es auch alleine schaffen werde. Ich weiß nicht mehr, ob sich das wirklich gut anfühlte, aber alles war besser als diese unwürdige Konversation. So verschwand Gott aus meinem Leben. Oder, besser gesagt, so verschloss ich meine Tür vor ihm und trat ihm, egal in welcher Verfassung, nie wieder unter die Augen.

Meine latenten Verdauungsprobleme verabschiedeten sich mit zunehmendem Alter auf unerklärlichem Wege aus meinem Leben. Stattdessen war eine neue Symptomlage im Anmarsch, die Pubertät. Und mit ihr erwachte ein ganz neues, viel komplexeres Dilemma: Ich hegte den unbändigen Wunsch, mit einem Mädchen zu schlafen. Auch wenn die Erfüllung dieses Wunsches – wie sich später herausstellen sollte – noch in weiter Ferne lag, so war die Vorstellung davon doch spürbar existent. Natürlich schlug ich auch als Jugendlicher immer noch das eine oder andere Mal in der Kirche auf, unter anderem bei besagten Trauerfeiern, aber auch zu meiner Kommunion und zu meinem Schulabschluss. Und jedes Mal empfand ich die unangenehme Bedrückung, einen Gott zu besuchen, mit dem ich nicht besonders gut im Gespräch war, faktisch gesehen herrschte Funkstille zwischen uns. Mir wurde mehr und mehr klar, dass ich – durch meine sporadische, wenn auch stillschweigende Anwesenheit und allein aufgrund meines Getauftseins – diesem religiösen Verein angehörte, oder salopp formuliert diesem Club. Ich war Mitglied der Kirche, ein vollwertiges Kirchenmitglied! Und ich wurde den erschütternden Gedanken nicht mehr los: Hermann, du bist Bestandteil dieser Vereinigung und du hast dich an die Vereinsregeln zu halten. Auch dann, wenn du als Kind noch gar nicht in der Lage warst, einen Vertrag zu unterschreiben – gültig ist er dennoch.

Was die Vereinsregeln betraf, hatte ich es mit nichts Geringerem zu tun als den Zehn Geboten. Nicht alles auf dieser Agenda schreckte mich unbedingt ab, aber über eine Hürde sah ich mich grundsätzlich nicht hinwegkommen: Kein Sex vor der Ehe! Diese verrückte Idee, Menschen zu quälen, setzte mich enorm unter Druck. Ich konnte mir nichts Schrecklicheres vorstellen, als die Jahre meines Erwachsenwerdens mit einer Nullnummer in der Hose zu überdauern. Meine natürliche Sehnsucht war erwacht, den Körper eines weiblichen Wesens zu erforschen und eine sexuelle Erfahrung zu machen. Ach was, Plural! Nicht eine, mehrere. Kein Sex vor der Ehe – das gespenstische Bild tat sich vor meinen Augen auf, mit spätestens 16 Jahren verehelicht zu sein, um …

Sie wissen schon. Eine schreckliche Vorstellung. Ich wollte Erlebnisse sammeln, aber nicht gleich heiraten.

Ich weiß, der Löwenanteil meiner Freunde kümmerte sich nicht darum. Sie waren katholisch, hüpften mit einer oder mehreren Mädels ins Bett und scherten sich nicht um die Ehe – zumindest nicht sofort. Doch irgendwie drang diese Alternative gedanklich nicht zu mir durch. Ich konnte mich innerlich nicht dazu durchringen, die Regeln zu brechen. Vielleicht wollte ich auch nicht schon wieder Gott belügen, was mir eine viel persönlichere Angelegenheit zu sein schien, als mir lieb war. Denn eigentlich bin ich gar nicht so regelkonform. Wie auch immer.

Ich griff zu härteren Bandagen. Mit 14 Jahren hat man in Bayern das Mindestalter, um aus der Kirche auszutreten, und so ging ich zum Standesamt, um der Sache ein für alle Mal ein Ende zu machen. Anschließend rechnete ich mir selbst und vor allem meinen enttäuschten und empörten Eltern die enorme Wirtschaftlichkeit meines Austrittes vor. Nach damaliger Kalkulation hätte man sich einen neuen VW Golf leisten können, wenn man die Kirchensteuer nicht mehr zu bezahlen hatte. Diese Rechnung gefiel sogar meinem Vater – wäre er mutiger gewesen, wer weiß, ob er sich nicht prompt ein Beispiel an mir genommen hätte.

Dass meine späteren Geschäfte einmal so gut laufen würden, dass die von mir zu zahlende Kirchensteuer jährlich mehr als 20.000 Euro betragen hätte, konnte ich mir damals allerdings noch nicht vorstellen. Sei's drum, das Kapitel »Kirche« war abgeschlossen. Ich habe seither lediglich noch einige Menschen und die Urne meines Vaters zu Grabe getragen und selbst Trauerreden gehalten. Und das war's. Der klägliche Rest meines religiösen Daseins bestand nun noch darin, mich ab und zu lustig zu machen, wenn ich zufällig in die Nähe einer Marienstatue oder eines Marienbildes kam und dort Dankesbekundungen vorfand – diverse Sprüche, Briefe, Karten, Rosenkränze und Schilder aus Holz, Emaille oder gar Marmor, die mit kunstvollen Auf- und Inschriften wie »Heilige Mutter Maria hat geholfen« oder »Danke« oder »Hilfe ist gekommen« verziert waren. Ich empfand das als höchst unglaubwürdig, ja geradezu als Hohn. Ich war davon überzeugt, wenn es um Krankheiten ging, würde man entweder sowieso wieder gesund, wie bei einem Schnupfen, oder eben nicht. Dann würde man ganz normal sterben. Punkt. Ende. Äpfel. Demzufolge schienen mir diese Dankesbekundungen einer aufgeblasenen Angst zu entspringen, an einem Schnupfen oder an einer Männergrippe zu sterben.

HELDENREISE ALL INCLUSIVE

Alles, was wir tun, ist Teil unserer Heldenreise. Das trifft auch auf die stummen Varianten zu, heldenhaft unterwegs zu sein, nämlich ein Leben lang zu vermeiden, ein Held oder eine Heldin zu sein, sich vom Reisen überhaupt fernzuhalten, im übertragenen Sinne. Wir haben alle jeden einzelnen Tag zu überstehen, schon das allein ist heldenhaft. Natürlich ist auch mein Leben eine klassische Heldenreise, und der Drachen, den ich zu besiegen hatte, war in erster Linie eine Gigaversion dieser Spezies. Er hat mich viele Jahre düster begleitet und bedroht. Nachdem ich etwa ein Jahrzehnt im elterlichen Lebensmittelhandel gearbeitet hatte, übernahm ich mit Anfang 30 die Schulden meines Vaters, noch zu seinen Lebzeiten. Wie diese zustande gekommen waren, ist weniger interessant als die Zahl, mit der ich von nun an zu kämpfen hatte: 4,8 Millionen Mark. Vielleicht war es Dummheit oder Liebe, oder mindestens der Wunsch nach Liebe, dass ich diese Minusschenkung übernahm. Auf jeden Fall war ich fest entschlossen, als guter Sohn den Karren aus dem Dreck zu ziehen.

Mit dem Familiengeschäft, das operativ recht gut lief, rechnete mir ein fähiger Berater der Sparkasse allerdings bald glaubhaft vor, wäre ich quasi in einem Alter von 137 Jahren schuldenfrei. Ich musste umdenken, ganz anders denken. Größer vor allem. Für diejenigen unter Ihnen, die die Geschichte nicht schon aus meinen Businessbüchern kennen: Ich war mehr als nur naiv. Ich hatte keinen richtigen Schulabschluss, keine nennenswerte Ausbildung (Einzelhandelskaufmann), ein verspätetes Studium (Betriebswirtschaft), was mir aber auch keine großen Sprünge verhieß, und ein bisschen Lebenspraxis. Ich konnte nichts machen, was man so macht, wenn man Geld verdienen will. Wo sollte ich mich bewerben? Wie ohne Investment vorankommen? Ich stellte mir die Frage in aller gebotenen Dringlichkeit: Wenn einer rein gar nichts hat, auch nicht in petto, was kann er dann tun? Man besucht einen Kurs nach Dale Carnegie. Das war reiner Zufall und der Anfang meiner Karriere. Bis dahin hatte ich keine Ahnung gehabt, dass Reden ein Beruf ist. Man fliegt irgendwohin und erzählt eine Stunde lang etwas möglichst Nützliches. Ich recherchierte, übte und legte los. Die Inhalte hatte ich im Kopf, sie kamen eigentlich direkt aus dem Leben. Ich hatte aus dem Einzelhandel ein ausgeprägtes Gefühl für Kunden. Und reden konnte ich. Das zusammengenommen musste reichen.

Ich wurde also Speaker, und ich wurde auch richtig gut darin. Aber nicht ohne Hürden. Natürlich wurde ich auch ausgebuht, heulend von der Bühne gepfiffen. Mehr als einmal stellte ich mir die Frage: Mache ich weiter? Mache ich nicht weiter? Das steht alles als Schritt-für-Schritt-Dilemma in meinen anderen Büchern. Ich will Sie hier nicht langweilen. Nur so viel: Es gab sehr hässliche Momente, aber ich wollte unbedingt Redner werden. Auch, weil ich es musste. Es gab keinen Plan B.

Außerdem hatte ich wirklich nichts zu verlieren, denn etwa zehn Jahre zuvor war bei mir ein Lungenemphysem diagnostiziert worden, das ist ein Krankheitsbild der Lunge, das mit einer dauerhaften Einschränkung der Atemstromstärke bzw. mit einer Erhöhung des Atemwegswiderstandes durch eine Entzündung der kleinen Atemwege und eine Zerstörung des Lungengewebes einhergeht. Unglücklicherweise litt ich zusätzlich schon länger an Asthma. Mein damaliger Arzt prophezeite, dass ich es wohl noch bis zu meinem 28. Lebensjahr schaffen würde – das aber nur, wenn ich an eine klimafreundliche Küste, zum Beispiel nach Nordfrankreich, zöge. Das war keine gute Botschaft, nur noch vier Jahre zu leben. Bis dahin glaubte ich eigentlich, »nur« allergisches Asthma zu haben. Seit ich 17, 18 war, trug ich mein Asthmaspray mit mir herum, um irgendwie vernünftig atmen zu können. Daran war ich gewöhnt, und ich hatte den Arzt auch nur konsultiert, weil ich wieder einmal akute Atemprobleme hatte. Das Ausatmen fiel mir wesentlich schwerer als das Einatmen. Jetzt stand ich mit dieser Hiobsbotschaft, meinem Todesurteil, da und überlegte, was ich mit meinem Restleben anfangen wollte. Die Sache war irreversibel, so viel stand fest. Ich ging schnurstracks zu einer Heilpraktikerin und ließ mich von ihr so weit aufpäppeln, dass ich den Versuch wagen konnte, nach Thailand zu fliegen. Ich setzte mich dort auf ein Motorrad und fuhr eine lange Weile durch Asien. Das war meine Antwort auf ein kurzes Leben, das mir beschieden sein sollte.

Um auf die Helden zurückzukommen, es war auch meine Antwort auf den ersten mächtigen Drachen. Als dann der Schuldendrache auftauchte, hatte ich meine knappe Lebenserwartung schon erheblich überschritten. Ich weiß bis heute nicht, wie mein Körper das geschafft hat. Überlebt zu haben und jedes weiteren Überlebens weiterhin ungewiss, konnte ich es mir gefühlt leisten, mit unüberschaubarem Risiko auf die Rednerbühnen zu steigen, erst auf die kleinen, bei regionalen Verbänden und Vereinen, dann auf die größeren. Man wächst mit seinen Aufgaben, das kann ich nur bestätigen. Und wie jeder Asthmatiker hatte ich immer zwei oder drei Ersatzfläschchen Asthmaspray parat. Das Spray war inzwischen zu meinem Heiligtum geworden, und bei jeder Unternehmung war der prüfende Griff danach Pflicht, vergleichbar mit der Handbewegung, sich die Brille auf die Nase zu setzen, weil man eben ohne nichts sieht. Zugegeben, mit den Jahren hat sich mein gesundheitlicher Zustand auch verschlechtert. Irgendwann wurde es immer anstrengender, Treppen zu steigen, schon ein einziges Stockwerk konnte zu einer belastenden Hürde werden. Ich erinnere mich an einen Auftrag bei einer Bank in Frankfurt, in dem Gebäude gab es keinen Fahrstuhl. Ich brauchte eine halbe Stunde – nach dem Aufstieg bis in die sechste Etage –, um halbwegs sprechen zu können. Auf der Bühne hatte ich ein paar technische Tricks drauf, beispielsweise kann man mit einem gut eingestellten Mikrofon auch bei flachem Atem kraftvoll sprechen. Jedenfalls hört es sich dann so an.

Durch die Krankheit oder den Schuldenberg, vielleicht aber auch nicht, sondern grundsätzlich: Wie ich schon sagte, bin ich auf eine ganz basale Weise ängstlich. Lunge, Geld, hin und her, ich frage mich jeden Tag, schaffe ich das Leben? Obwohl ich mir tausendfach bewiesen habe, dass es jeden Tag offensichtlich zu schaffen ist – ich bin jetzt 58 Jahre alt. Nach wie vor gehöre ich zu den Menschen, die niemals tiefenentspannt sind und eher selten wahre Lebensfreude empfinden. Ich leide nicht an Depression, aber ich muss ohne große Euphorie oder kleinere Formen der Lebensbegeisterung und Leidenschaft auskommen.

Meine Frau behauptet – und damit hat sie vollkommen recht –, dass man mit mir kaum so richtig lachen kann. Das mag unter anderem an der fehlenden Luft liegen. Jeder, der seinen Atem trainiert, zum Beispiel beim Yoga, weiß, wie beglückend ein freier Brustraum sein kann.

Richtig atmende Menschen sind allein von der bloßen Luft happy. Aber ja, unabhängig davon hat man mit mir privat wenig Spaß. Und das, obwohl ich eine fantastische Familie habe, meine Frau und meine Kinder sind mir, was die Leichtigkeit ihrer Gemüter angeht, haushoch überlegen. Die friedvollsten Momente, die ich je erleben durfte, waren diejenigen nachts im Familienbett, wenn alle schliefen und ich die beiden Zwerge habe atmen hören. Da sind mir regelmäßig die Tränen über die Wangen gekullert. An Berührbarkeit fehlt es mir also nicht.

Ich möchte auch nicht ausschließen, dass in mir bedrückend nachwirkt, dass mein Vater im Krieg gewesen ist und nach seiner Heimkehr eine gewisse »innere Kühle« auf uns drei Geschwister übertragen hat, wenn Sie es so nennen wollen. Dieser minderen emotionalen Ausstattung lässt sich auch mit strotzender Liebe nicht immer beikommen. Gleichzeitig ist meine Familie Helferin und Förderer, um die aufgrund meines Kriegsmangel-Erbes fehlende Fülle in mir nachzufüttern. Sie werden es nicht glauben, aber ich ergebe mich stets ihrer Bereitschaft, mich bei ihr unterhaken zu dürfen, wenn ich wieder einmal lösungsarm dasitze. Dann muss ich mich aufrichten *lassen*, und das kostet mich, als Mann, mehr Mühe als das Aufrichten selbst. Andererseits, und das ist ja keine Kleinigkeit, kann ich sehr gut arbeiten, und darauf verwende ich deshalb 99 Prozent meiner Kapazitäten. Das verschafft mir auch ein erhebendes Gefühl, was aber nicht dasselbe ist wie Spaß.

Wenn es also darum geht, im Leben so erfolgreich zu sein wie auf der Bühne, warte ich noch auf zündende

Eingebungen der heiligen Mutter Maria. Man kennt mich offiziell durchaus als humorvoll, daher weiß das kaum jemand. »Wie viel muss ich bezahlen, damit Sie privat auch mal so nett sind wie mit dem Mikrofon am Kragen?« Das hat mich wirklich mal jemand gefragt. Ich will hier keine Irritationen schaffen, wenn ich das so preisgebe, denn ich bin schließlich kein Ungeheuer oder Choleriker oder lethargischer Trottel. Privat fehlt es mir schlicht an einer Lebensleichtigkeit. Vielleicht gibt es dafür auch einen biochemischen Grund, wer weiß das schon. Ich bin so auf die Welt gekommen, es müssen ja auch nicht alle Menschen gleich sein. Leute, die den Dschungel oder Safaris verabscheuen, buchen eben Kreuzfahrten. Ich mag mich nicht dazu aufraffen, ein Lebensfreude-Seminar zu besuchen. Ich bin der melancholische Typ, kein gelassener Mensch, aber Tiefe gestehe ich mir zu. Und das scheint zu genügen, um eine Familie zu haben und soziale Geborgenheit zu erfahren. Nur überbordend oder wenigstens gelöst bin ich eben nicht.

Um es Ihnen noch deutlicher zu machen: Meine Bühnenarbeit ist eine Performance, und die starke Überzeichnung hilft mir, mich selbst dahin zu bringen, wo Hype »geschieht«, aber mein Privatleben ist keine Performance, da bin ich ruhiger und im authentischen Sinne nicht so mitreißend. Nicht zuletzt deshalb liebe ich auch meine Frau so sehr, die diese Eigenschaft sehr wohl besitzt, was sie gleich doppelt so attraktiv macht. Im Beruf zünde ich andere Menschen an, sie zündet mich an. Beides bedingt einander aber nicht.

MAGIE TO GO

Es ist nun einige Jahre her – ich war so Anfang, Mitte 40 –, als ich einen lockeren Beratungstermin mit einer Dame verschieben wollte, weil es mir gerade nicht so gut ging. Sie hatte mich gebucht, um gemeinsam ein paar Dinge in ihrer Firma neu zu überdenken. Es war kein Akutfall, daher schien es nicht dramatisch, sich neu zu verabreden. Ich erfand auch keine Ausreden, sondern sagte ohne Umschweife, ich sei derzeit nicht ganz fit. Diese Dame reagierte völlig verblüffend darauf, sie bat mich, ihr ein Foto von mir zu schicken, dazu mein Geburtsdatum nebst genauer Geburtszeit. Sie versprach, sich anschließend zurückzumelden und mir sagen zu können, *was* genau mit mir los sei.

Ich fand das zunächst recht amüsant und schickte ihr das Gewünschte. Zwei Tage später fand ich eine Audiokassette in meiner Post. Eine Audiokassette! Die Jahrtausendwende war bereits lange vollzogen, wer hantierte denn noch mit einem Kassettenrekorder? Ich war trotzdem neugierig und ließ in einem Elektromarkt einen kleinen Rekorder besorgen. Kaum war das Gerät ausgepackt, verbarrikadierte ich mich in meinem Büro und drückte die Playtaste.

Was dann folgte, …
… ich bekam den Mund nicht mehr zu.
Ich fühlte mich spontan erleuchtet.

Die Frau, die mich gebucht hatte, um sich von mir unterstützen zu lassen, erzählte mir via Tonaufnahme, wer ICH war.

Sie las mir direkt aus meiner Seele vor, und zwar so gestochen scharf, dass ich kaum mehr Luft bekam.

Mein Herz raste, diese fremde Person, die ich noch nie im Leben gesehen hatte, kannte mich in- und auswendig!

Verlangen Sie jetzt bitte nicht von mir, dass ich die angesprochenen Inhalte hier ausbreite. Sie wissen inzwischen, dass ich so schnell nicht hinter dem Ofen hervorzulocken bin, vor allem nicht mit Hokuspokus. Genau so hätte ich es auch gerne gesehen, als ausgemachten Unsinn. Wenigstens eine Weile, bis ich wieder einen klaren Kopf hätte. Doch diese Stimme tat mir den Gefallen nicht, sie ließ mir weder Zeit noch Ausflucht. Was sie über mich sagte, war total treffsicher. Sie wusste Sachen von mir, die sie unmöglich wissen konnte. Die nicht mal meine Mutter wusste. Dinge, die auf keiner Homepage und in keinem Buch von mir zu finden waren – absolute Secrets! Und es gibt da nicht viel, was nicht schon transparent wäre. Ich sagte es eingangs.

Eine wildfremde Frau wusste über mich Bescheid. Wie und auch *warum* konnte sie mich, den allerprivatesten Teil von Hermann Scherer, so tief erkennen? Als ich den ersten Schock überwunden hatte, war ich nicht nur fasziniert – nein, ich fühlte mich großartig. Es war, wie von einem Blitz getroffen zu werden, nur ohne Schmerzen und Verbrennungen und all das. Insbesondere beschränkte sich die offensichtlich hellsichtige Dame nicht nur darauf, mich bis ins Mark zu beschreiben, sondern sie erklärte mir auch, wofür ich – genauer, meine Seele – ursprünglich in diesem Leben angetreten sei und was ich nun am besten tun solle, um genau das zu erfüllen. Ich war elektrisiert. Das war zu diesem Zeitpunkt das großartigste, verblüffendste und zauberhafteste Erlebnis in meinem Leben, und faktisch das einzige mystische noch dazu.

Ich rief diese Frau sofort an, um sie zu bitten, mein Engagement bei ihr zu vergessen. Es sei genau umgekehrt: Nun wollte ich ihre Hilfe. Ich erkundigte mich nach ihren zeitlichen Möglichkeiten und teilte ihr mit, sie in den nächsten zwei Jahren so oft wie nur möglich treffen zu wollen, am besten an jedem einzelnen freien Tag und Termin. Ich war überzeugt, dass sie die Angelegenheiten meines Lebens besser einschätzen würde als ich selbst. Sie wusste einfach mehr und konnte besser sehen und verstehen. Für meine Belange war sie eindeutig die beste Adresse. Auch wenn ich nicht gläubig war und der Skeptiker in mir auf einer Nebenspur hampelte. Ihre Erkenntnisse konnte ich nicht leugnen. Egal, wie oft ich diese Kassette hörte. Wir schlossen eine Vereinbarung, mit der Folge, dass wir in den nächsten Monaten sehr viel zusammen unterwegs waren.

Ein paar Beispiele werden Ihnen helfen, sich ungefähr vorzustellen, was da passierte: Eines Tages liefen wir gemeinsam durch Zürich. An einer Kreuzung stutzten wir, weil eine Straßenbahn mitten auf freier Strecke stehen geblieben war. Meine Begleiterin bemerkte leise: »Der

Mann dadrin, der stirbt gleich.« Ich schaute sie entsetzt an. Was sollte das? Das konnte sie unmöglich wissen, wir konnten ja noch nicht einmal Personen sehen in den Waggons, so nah standen wir nicht. Ich fand es völlig abwegig, über den Tod zu spekulieren. Wir warteten eine Weile mit den anderen, die auch stehen geblieben waren, bis ein Notarztwagen angerast kam. Was dann passierte, ahnen Sie schon. Ich für meinen Teil begann zu schwanken und schaute wieder meine Begleiterin an. Die Verblüffung musste mir ins Gesicht geschrieben stehen. Doch sie sagte nur: »Herr Scherer, ich bin nicht der Typ, der in der Kategorie ›Beweise‹ denkt. Wenn Sie einen Beweis dafür haben wollen, dass ich manches weiß: Demnächst wird ein Flugzeug brennen.«

Jetzt war ich noch mehr geschockt. Wollte sie sich jetzt als Wahrsagerin betätigen? Fast ärgerte ich mich darüber. Als ich am nächsten Tag in meinem Hotelzimmer war, erhielt ich eine SMS von ihr: »Bitte TV anmachen! Flugzeug brennt.« Ich schaltete den Kasten an, zappte zu einem Nachrichtensender und sah … ein brennendes Flugzeug. Genau so war's. In den folgenden Wochen, in denen wir an verschiedenen Orten unterwegs waren, teilte sie mit mir einige weitere »Durchsagen«, wie sie ihre Eingebungen selbst nannte und von denen sie Tausende pro Tag erhielt. Was immer sie mir erzählte, es traf zu, erfüllte sich, passierte einfach.

Einmal hielten wir uns in Rosenheim auf. Dort begegneten wir zufällig dem langjährigen deutschen Dale-Carnegie-Chef, Willi Zander. Dieser war etliche Jahre zuvor mein Chef und wichtigster Mentor gewesen. Ich freute mich über unser Wiedersehen, es war herzlich wie immer, wir tranken zu dritt ein Bier und hatten einen schönen Abend.

Am nächsten Tag war ich bereits in einer anderen Stadt zu einem Vortrag, da rief mich meine Begleiterin an: »Sie müssen dringend zurückfahren zu Willi!« Überrascht fragte ich: »Wieso?« Kurz und knapp: »Weil er stirbt.« Das ging mir jetzt entschieden zu weit. Nein, das wollte ich einfach nicht glauben. »Quatsch. Dem geht's doch bestens«, gab ich leicht unwirsch zurück. »Wir haben doch gestern noch ein fröhliches Bier getrunken. Sie waren doch dabei!« Doch es half alles nichts, nur drei Tage später erreichte mich die Nachricht von Willis plötzlichem Tod. Und in diesem Augenblick merkte ich, dass sich mein Skeptiker in dieser Sache aus dem Staub gemacht hatte. Diese bemerkenswerte Frau hatte wirklich einen besonderen Draht zum Universum – und das war keine Einbahnstraße, denn offensichtlich führte sie auch wieder zu ihr zurück.

WENN MÄNNER WEINEN

Im Laufe der Zeit lernte ich meine Begleiterin immer besser kennen, und ich hatte langsam das erleichternde Gefühl, sie habe nicht per se einen Wissensvorsprung. Jetzt konnte ich auch das eine oder andere über sie sagen. Ich fing an, ihr nicht nur wegen der Kassette und den Vorhersagen zu glauben, sondern ihr auch als Mensch zu vertrauen. Das führte dazu, dass ich mich irgendwann bereit erklärte, an einem ihrer exklusiven Seminare teilzunehmen, in diesem Fall nur für männliche Klientel. Es war schon etwas verrückt, ein Männerseminar, das ausgerechnet von einer Frau geleitet wird. Aber es störte mich nicht, solange ich mich mit den anderen Jungs auf Augenhöhe fühlte, denn es würde hierbei nicht um Fragen der Selbstoptimierung gehen, um Businesstipps oder Muskeltraining. Im Gegenteil, um nichts Geringeres als unser Seelenleben. Aber selbst das klingt noch zu ungenau.

Es herrschte eine besondere Stimmung in dem Raum, in dem wir uns versammelten. Es begann nicht damit, die Füße auf den Boden zu stellen, um sich mit der Erde zu verbinden, nur um dann behaupten zu können, man sei spirituell. Es wurde in dieser intimen Runde sehr viel mehr bewegt, und das mit einer solchen Heftigkeit und Vehemenz, wie ich es niemals und nirgendwo sonst erleben durfte. Wir – gestandene Männer, Macher, Millionäre – lagen uns bebend in den Armen und heulten Rotz und Wasser. Tränen sind eine der wichtigsten Hygienemaßnahmen des Körpers, oder des Herzens, besser gesagt. In diesen reinigenden Genuss gerieten wir zudem völlig unvorbereitet, was den Effekt noch verstärkte. Dazu kam es allein dank der Fähigkeiten der Seminarleiterin. Sie verbrachte jeden Einzelnen von uns in einen Zustand, der entweder einer inneren Erlösung, einer Erleichterung glich oder auch Schmerzpunkte freilegte, von denen man vorher nichts gewusst hatte und über die man jetzt – endlich – unendlich traurig sein konnte. Oder froh, je nachdem. Für den einen und anderen war es vielleicht wie eine Trauma-Intensivkur. Für manchen fühlte es sich so an, als sei er der verlorene Sohn, der nach 40, 50, 60 Jahren nach Hause kommt.

Das Szenario vergleichsweise als Familienaufstellung zu beschreiben, wird dem wahren Geschehen nicht im Mindesten gerecht, aber Sie können sich das Setting doch ähnlich vorstellen. Nur die geistige »Tätigkeit«, das eigentliche praktische Vorgehen der Seminarleiterin lässt sich leider nicht annähernd darstellen. Ich würde es, wenn ich könnte. Aber mir fehlen die sprachlichen Mittel dafür. Sie müssen sich mit den Ergebnissen begnügen: Ich kann mich an keinen Tag in meinem Leben erinnern, an dem ich mehr Körperflüssigkeiten verloren habe. Wir heulten uns die Augen aus, wir sabberten und spuckten vor lauter Tränen, Gefühlen und Emotionen. Es war wunderbar. Ja, so verrückt sich das anhören mag – es war einfach wundervoll. Eine der größten Erfahrungen in meinem ganzen Leben. Nicht nur, weil die Emotionen so gewaltig waren, sondern weil sich konkrete Dinge, die bei uns Teilnehmern jahrelang in Sackgassen des eigenen Lebens feststeckten – und bei jedem war das etwas ganz anderes –, plötzlich lösten, klärten. Wie innere Knoten, die sich in einem Nu entwirrten, obwohl man sie jahre-, ach jahrzehntelang fest zugezogen hatte, meist ohne es zu wissen. Emotionen brachen aus unsagbaren Tiefen auf und spülten uns durch, als würden wir innen im Whirlpool sitzen. Und damit nicht genug, vor allem nach dem Seminar – wir blieben miteinander im Austausch wie eine Selbsthilfegruppe, unwiderruflich verbrüdert – ereignete sich weiterhin so viel Unglaubliches in den darauffolgenden Wochen, Monaten. Aus Vertraulichkeitsgründen kann ich Ihnen leider die

Geschichten dazu nicht erzählen. Aber es waren großartige Geschichten – von gravierend veränderten Lebensentwürfen bis hin zu genialen Kurskorrekturen. Ganz abgesehen vom immensen persönlichen Glück.

Und ich spürte noch etwas: Wir waren da nicht alleine in diesem Raum.

Es war eine Kraft anwesend, eine Energie, die mich zum ersten Mal seit meinem Kirchenaustritt stutzig machte. Eigentlich war ich lange fertig mit Gott, aber jetzt war ich mir nicht mehr sicher, ob er auch fertig war mit mir. Ich hatte ihn längst abgeschrieben, wie gesagt. Jetzt fühlte es sich so an, als sei in der Sache noch nicht das letzte Wort gesprochen. Und wenn ich mich nicht täuschte, würde ich es wahrscheinlich nicht haben. Das störte mich gerade wenig, oder sagen wir, es beunruhigte mich nicht sonderlich, denn für mich war das, was ich da selbst erlebt hatte, das grandioseste, beste, nachhaltigste, ergebnisorientierteste und schönste Seminar meines Lebens. Noch nie habe ich – und ich bin viel in der Welt herumgekommen – einen Menschen mit so außergewöhnlichen Fähigkeiten gesehen wie die Leiterin dieses Seminars.

Auch aus heutiger Sicht möchte ich betonen: Es ist unfassbar, was diese Frau alles kann – vor allem mit welcher Intensität sie wirksam ist: Sie liest in den Seelen fremder Menschen wie in offenen Büchern. Das ist genau das Gegenteil von »Büchern mit sieben Siegeln«. Sie heilt Unheilbares, sieht Unsichtbares, löst Unlösbares. Sie berät Dax-Konzerne bei deren Zukunftsstrategien. Ob Megaunternehmen oder höchstpersönliche

Einzelklientel, sie macht aus Sackgassen Autobahnen. Besser lässt sich das nicht beschreiben. Wer sie nach ihrem Geheimnis fragt, bekommt allerdings eine überraschende Antwort: »Nicht ich bin es. Die Kraft ist es.«

WILL ICH DAS WIRKLICH?

Beflügelt und erleichtert, von den positiven Ergebnissen zehrend, vergingen die Jahre, eine weitere Dekade in etwa. Wir Männer hielten den Kontakt und immer wieder stieg in uns die Sehnsucht auf, ein solches Männerseminar noch einmal zu erleben. Die Stimmen wurden immer lauter und lauter, bis wir irgendwann den Entschluss fassten, bei der Könnerin der Verwandlungen einen erneuten Termin anzufragen. Wir waren uns einig, jedenfalls drei von uns ganz sicher. Sie ließ sich auch nicht lange bitten, stellte aber sofort klar, dass es keine Wiederholung gebe. Sie erfinde sich selbst immer wieder neu, daher werde sie uns eine ganz neue, noch bessere Veranstaltung anbieten – im Januar 2019.

Hurra!
Die Vorfreude war riesengroß …
… bis sie die Anforderungen kommunizierte.

So begeistert und voller Tatendrang ich war, die Forderungen dieser Frau hatten es in sich: eine riesengroße Einkaufsliste, Übernachtungen im Freien, Bergwanderung, Nachtwanderung … Das Event werde in Spanien stattfinden, genauer auf Mallorca. Als ich das las, verschwand plötzlich das schöne Sehnsuchtsgefühl und eine ungeheuerliche Erschöpfung erfasste mich. Ich wollte doch bloß so einen coolen Tag wie damals noch einmal erleben. Einen Tag voller Emotionen und genialer Ergebnisse. Aber doch bitte nur den bekannten, den schönen Teil, an den ich mich so gerne und oft erinnerte. Von Leistungssport und Erschöpfung war nicht die Rede in meinem Traum! Die anderen Herren sahen das übrigens ähnlich. Für den Moment waren wir völlig desillusioniert. Die überschwängliche Vorfreude, die wir zuvor noch verspürt hatten, zerrann wie nichts. Zu allem Überfluss war die Liste, wie sich bald herausstellte, der noch leichter verdauliche Teil. Denn im Anschluss daran kommunizierte die Dame die Investition für dieses Seminar. Nicht, dass ich knausrig gewesen wäre, auch das erste Seminar war schon hochpreisig gewesen. Auf meine vorsichtige Nachfrage hin bekam ich nur die knappe wie logische Antwort: »Was nichts kostet, ist nichts wert.« Zugegeben, der Spruch hätte von mir sein können.

Es sollte das teuerste Seminar meines Lebens werden. Ich erspare Ihnen Details.

Ich war mir zwar über den Nutzen des Seminars im Klaren und rechnete unbedingt mit allerhöchster Kompetenz, aber die möglichen Strapazen machten mir neben dem utopischen Preis wirklich ernsthafte Sorgen: Irgendwie hatte ich es zwar doch geschafft, 54 Jahre alt zu werden und mit meiner desolaten Lunge zu überleben, und weil die Krankheit zum Glück nie lebensbedrohlich akut geworden war, hatte ich es sogar geschafft, sie vor aller Welt zu verheimlichen – eines der ganz wenigen Geheimnisse von Hermann Scherer. Oft war ich zwar aus der Puste und musste möglichst unbemerkt zum Inhalationsspray greifen, das stets in meiner Tasche bereitlag, doch ging es immer glimpflich aus. Bis zum Jahreswechsel 2018/2019, als sich mein Zustand innerhalb kürzester Zeit gewaltig verschlimmerte, wie von jetzt auf gleich. War Treppensteigen für mich schon immer mühsam gewesen, aber machbar, wurde es ab da nahezu unmöglich. Schon nach der Bewältigung eines einzigen Stockwerks pfiff ich, besser gesagt, meine Lunge, wie eine alte Dampflokomotive aus allen Löchern. An Bergwanderungen wagte ich nicht einmal zu denken! Ich nahm kurz entschlossen das Telefon zur Hand und machte einen Termin bei meinem Pneumologen, meinem Lungenfacharzt – leider erst nach dem Seminar. Ich musste mir also gut überlegen, ob ich das durchstehen könnte, vielmehr auch wollte.

Und dann kam zu allem Übel ein weiteres Problem hinzu: Bei all dem Unmut über das Seminar-Setting und die hohe Investition hatte ich prompt versäumt, den Veranstaltungstermin in meinen Kalender einzutragen. Dieser Kalender wurde autark von meiner Redneragentur geführt und gepflegt, um schnell und effektiv mit Kunden Termine und Veranstaltungen vereinbaren zu können. Zack, da war es passiert! Der erste Tag des Seminars – wir drei Teilnehmer sollten mit Hubschraubern von uns zu Hause zum Flughafen gebracht werden und von dort aus weiter nach Spanien fliegen – war mit einem Vortrag in Münster belegt – durch meine Agentur fix verkauft und gebucht! Ich wusste nicht, ob ich mich ärgern oder freuen sollte. Dieses Malheur bot mir immerhin die hieb- und stichfeste Ausrede, doch nicht an dem unsäglichen Seminar teilnehmen zu müssen.

Ich erklärte der Seminarleiterin die Umstände und hoffte auf eine Lösung, Verschiebung, Verständnis oder was auch immer. Doch von ihr gab es da kein Zögern, Zaudern oder Verständnis. Für sie stand fest, ich bin an-gemeldet, habe bezahlt, und deshalb bin ich auch dabei. Ich hatte – in ihren Worten – »zumindest am Morgen nach dem Vortrag pünktlich in Spanien zu sein«. Ohne Wenn und Aber und ohne auch nur eine Minute Verspätung.

So einfach war das? Mir blieb die Spucke weg. Also machten sich meine zwei Assistenten auf die Suche nach Flügen, die entweder nach meinem Vortrag, noch nachts, von Münster/Osnabrück nach Palma gingen oder am nächsten Morgen, sehr früh, in Palma landeten. Nach ge-fühlten 7.000 Such- und Reiseabfragen im Internet, nach zig Telefonaten und Diskussionen mit Flug- und Reise-dienstleistern stand fest: Es gab für mich keine Möglich-keit, pünktlich in Palma zu sein. Und es gab kein Verständ-nis von dieser Frau, die ich inzwischen verehrte. Ich wusste, sie würde sich schon gar nicht auf Sonderdeals oder Verspätungen einlassen. Pünktlich oder gar nicht! Da brauchte ich gar nicht erst noch mal nachzufragen. Das schmerzte umso mehr, da ich selbst ein großer Verfechter von Klarheit und Pünktlichkeit war und bin – auch, wenn mir das in diesem speziellen Fall so gar nicht gelegen kam. Natürlich war mir längst in den Sinn gekommen, meiner-seits den Vortrag abzusagen, doch genau wie sie pochte ich auf Prinzipien und auf Pünktlichkeit und würde nie mein Wort gegenüber einem Auftraggeber brechen.

Ich fasste zusammen: Es gab keine Möglichkeit für mich, pünktlich in Palma zu sein ...

... außer ...

... ich charterte einen Privatjet.

Hatte sie das vorgeschlagen oder war es mir selbst eingefallen? Ich weiß es nicht mehr, schon die Idee dazu raubte mir schier den Verstand: Einen Privatjet für 13.000 Euro one-way buchen? Pfui Teufel, das war ekelhaft. Es stand in keinem Verhältnis. Ganz abgesehen von der Übertriebenheit einer solchen Umweltsünde. Aber Sie wissen, was jetzt kommt: Ich war dabei!

DIE MEISTERKLASSE

Am Vormittag des 16. Januar waren von den drei Teilnehmern nur noch zwei am Start: H., mir seit dem Männerseminar bestens bekannt, und ich. Der dritte Teilnehmer hatte aus plausiblen Gründen, die nicht zur Debatte standen, kurz zuvor noch storniert. Die Seminarleiterin hatte ihn gewähren lassen, ganz im Gegensatz zu mir. Die Crew der Begleiter und Assistenten belief sich auf sage und schreibe neun Personen! Tja, und ich Kalenderfehlermacher hatte heute noch diesen ungewollten Vortrag in Münster, für den ich gerade meine Tasche packte.

Während der Helikopter die anderen in Richtung Frankfurter Airport bugsierte, ließ ich mich nach Münster fahren, um dort eine Dinner-Speech für die Führungskräfte eines großen deutschen Unternehmens zu halten.

Ich war natürlich ein wenig betrübt, dass ich nicht gleich dabei sein durfte. Viel mehr fiel jedoch mein Zorn, der sich gegen mich selbst richtete, ins Gewicht. Ich ärgerte mich grün und blau, weil ich selbst schuld war, den Kalendereintrag vergessen zu haben und jetzt wie ein Trottel ein Vermögen für das Privatflugzeug auszugeben. Ich bin unheimlich gut darin, mich selbst zu verachten – zumindest in solchen Situationen. Und leider fällt es mir grundsätzlich schwer, mir meine eigenen Fehler zu vergeben. Menschen, die Fehler machen, kann ich, wenn es mir zu viel wird, aus dem Weg gehen. Aber mir selbst? Ich gebe zu, dass es mitunter schwer sein kann, anderen zu verzeihen, aber wohl noch viel schwerer ist es, mir selbst nicht böse zu sein, wenn ich Mist baue. Wie soll man sich bei sich selbst entschuldigen? Wer sich entschuldigt, der entschuldet sich, der legt Last ab. Wenn ich mich bei mir selbst entschuldigte, lag die Last immer noch bei mir.

Da saß ich nun auf dem Rücksitz meines Autos und träumte von Helikopterflügen. Im Münsteraner Factory Hotel an der Germania Brauerei angekommen, begrüßte mich der Vorstandsvorsitzende herzlich. Nachdem ich die firmeninternen Vorredner erleben durfte, startete ich meinen eigenen Beitrag. Ich liebe es, auf der Bühne zu stehen, und entwickle meist schon zu Beginn einer Veranstaltung eine große Selbstvergessenheit. Dann denke ich nicht an Heim und Haus, an keine Nöte und Sorgen und auch an keinen Helikopter. Ein Vortrag auf der Bühne – so stürmisch und dynamisch er auch ist – gehört zu den fokussiertesten Momenten, die ich in meinem Leben kenne. Es ist unglaublich, wie sehr ich bei dieser Arbeit im Tunnel bin und alles, wirklich alles vergessen kann – und natürlich auch vergessen muss, um entsprechende Leistung zu bringen.

Als ich vor Jahren vom nahenden Tod meines Vaters erfuhr, war ich gerade von der Bühne gestiegen. Ich flog sofort nach Hause, doch er war kurz vor meinem Eintreffen verstorben. So konnte ich ihm nur noch den letzten Gruß erweisen. Anschließend stieg ich wieder ins nächste Flugzeug, um pünktlich zu meinem zweiten Vortrag zu kommen an diesem Tag. Ich weiß, das liest sich schrecklich, aber aufgrund der hohen Schulden, die ich meinen Eltern abgenommen hatte, waren manche meiner Werte verschoben worden. Dennoch, in keiner anderen Situation in meinem Leben war mir so deutlich, dass ich meine Arbeit auch und gerade für meinen Vater erledigte. Und ich hoffte inständig, dass dies zu seinem friedlichen Ableben beigetragen hätte.

Der Vortrag in Münster war vorbei, ich hatte die letzten Autogramme gegeben, schon ging es mit dem Taxi zum Flughafen Münster/Osnabrück. Das Schöne am Privatjet ist zweifelsfrei, dass der Jet auf einen wartet und nicht umgekehrt. Ebenso ist die Abfertigung sensationell. Auf einem abgesonderten Gelände des Flughafens, dem GAT – General Aviation Terminal – mit Sondereingang, sofortiger Sicherheits- und Passkontrolle durch eigens abgestellte Mitarbeiter und Polizisten, geht das Boarding gemeinsam mit dem Piloten oftmals in weniger als drei Minuten über die Bühne. Eine unglaubliche Zeitersparnis, wenn man vom Parkplatz bis in den Flieger gerade einmal wenige Sekunden braucht. Ich ahne, dass Sie das womöglich nicht lustig finden. Aber ich bin der Meinung, wenn man sich schon einen streitbaren Luxus gönnt, hilft auch kein schlechtes Gewissen. Dann sollte man die Vorzüge der angreifbaren Entscheidung trotzdem genießen.

Eine Sache von Sekunden also – und schon waren wir in der Luft Richtung PMI, Palma de Mallorca. Da saß ich nun. Wer glaubt, dass in einem solchen Jet, der in meinem Fall für sechs Passagiere ausgelegt war, die Stewardessen sich um das Wohlergehen des Fluggastes bemühten und noch Zeit für einen kleinen Talk hätten, der irrt. Es gab nämlich keine. Stattdessen bekam ich eine Turboeinführung in den bordeigenen Kühlschrank und die Spirituosenabteilung und wurde freundlich um Selfservice gebeten. Ich ließ mich nicht lange bitten. Mir war klar, das Event, welches jetzt vor mir lag, war mit großer Wahrscheinlichkeit mit klösterlichem Essen und alkoholfreien Getränken gesegnet. Einem inneren Ruf folgend, aß ich die ganze Antipasti-Platte auf, trank eine große Flasche Champagner und schlief ein. Hoch lebe die spirituelle Veranstaltung!

Am Airport Palma angekommen, wartete er schon: B., ein Mitarbeiter der Crew und später auch unser geschätzter Organist, den die Seminarleiterin einfliegen hatte lassen, um mich abzuholen und auf die Finca zu bringen.

NICHTS PASSIERT – WIE IMMER

Am nächsten Morgen in aller Herrgottsfrühe ging es los. Nach einem gemeinsamen Frühstück brachen wir zur Gedenkstätte »Cueva de Lourdes« bei Puig de Santa Eugènia auf. Obwohl nur zwei Teilnehmer, waren wir doch ein großer Trupp, denn H. und ich wurden nicht nur begleitet von unserer spirituellen Chefin, sondern auch betreut von einer Vielzahl von Menschen: B., der legendäre Organist, J., die Assistentin der Chefin und in diesen Tagen meine Fahrerin, A., die das Event organisierte. K. und N. bildeten das Multimediateam. Außerdem M., der grandiose Unterstützer und Bruder der Seminarleiterin.

Wir waren angehalten, uns jederzeit in Konzentration, Kontemplation oder Meditation zu bewegen, ob wir nun fuhren oder liefen. Und zu jeder Zeit galt es vor allem zu schweigen, es sei denn, wir wurden von der Leitung zu einem Gespräch aufgefordert. Ich traue mich kaum, es zu sagen, wir waren in einem Tross von Automobilen unterwegs – für jeden Teilnehmer ein eigenes Auto mit eigenem Fahrer, mit dem man nicht sprechen durfte. An der Spitze die Chefin mit ihren Leuten und ein weiteres Auto für das Mediateam, welches das gesamte Geschehen im Film festhielt. Ein ökologischer Wahnsinn, dessen Berechtigung ich im Laufe der Ereignisse noch zu erfahren erhoffte und auch erwartete.

Der Aufstieg zum Kloster brachte mich definitiv an die Leistungsgrenze meiner Lungenkraft. Da half auch kein Asthmaspray, es bewirkte nur noch minimale Erleichterung. Mein leidvolles Hecheln war so gewaltig, dass ich drauf und dran war, wieder ins Auto zu wechseln: Von Puig de Santa Eugènia aus Richtung Ses Olleries gelangt man zu einer breiten und steilen Steintreppe mit etwa 100 Stufen. Allein schon der Anblick ließ mich in großer Ehrfurcht erstarren. Ich war mir überhaupt nicht sicher, ob ich diese Treppe bewältigen würde, vor allem schämte ich mich sehr bei dem Gedanken, jemand liefe direkt neben oder gar hinter mir. Tatsächlich keuchte und stöhnte ich schon bald wie ein altes, ausgemergeltes Walross. Kurzum, ich hörte mich wahrlich nicht gut an. Aus Erfahrung wusste ich, dass jeder, der mich stöhnen hörte, sich dem Drang nach akuter Hilfestellung wahrscheinlich nicht verwehren konnte.

Ich kann ein Lied davon singen, mit welch peinlichen und beschämenden Fragen und Angeboten ich dann konfrontiert werde: »Magst du eine Pause machen?« »Geht es dir gut?« »Du stöhnst so laut, soll ich einen Arzt rufen?« Wer weniger Distanz zu meiner Person empfindet, sagt unter Umständen auch gleich: »Du nippelst ja gleich ab.« Sie werden es mir nachsehen, dass ich bei Santa Eugènia definitiv keinen Menschen neben mir haben wollte. Ich wollte in keinem Gesicht lesen, dass ich gleich sterben würde. Ich war schon beschäftigt genug damit, mich hinaufzuquälen. Hätte ich da noch einen potenziellen Samariter beruhigen müssen, wäre ich ganz sicher kollabiert.

In solchen bedrängenden Situationen habe ich mir angewöhnt, die Schwächen meiner Begleiter auszunutzen. Menschen sind in der Regel unfokussiert und genussorientiert. Sie müssen erst mal quatschen, die Gegend bewundern, feststellen, dass sie was im Auto vergessen haben, und so weiter. Genauso war es auch hier. Obwohl wir beiden Männer als Teilnehmer gar nicht sprechen durften, tat doch zumindest die ganze Entourage genau wie beschrieben. Es dauerte seine Zeit, bis sich alle sortiert und unnötige Kommentare über das Offensichtliche abgegeben hatten. Es ist mir schon immer schwergefallen, das Offensichtliche als Neuigkeit zu verkaufen. Warum sollte ich zum Beispiel jemandem erklären, dass wir schönes Wetter haben, wenn er oder sie doch genau neben mir steht und dasselbe Wetter erlebt? Das klingt ja geradezu diskriminierend. So, als sei die Person selbst nicht in der Lage, die Wesensart des Wetters zu erkennen. Jedenfalls nutzte ich meine Chance und ging unvermittelt auf die 100 Stufen zu und stiefelte los – in meinem Schneckentempo. Bis der Rest der Truppe losging, war ich schon längst on the way. Ich ging zwar wesentlich langsamer als die anderen, konnte aber doch unbehelligt von mitleidigen Blicken und Ansprachen oben ankommen. Ich hatte meinen Frieden und einen kollapsfreien, wenn auch grenzwertig anstrengenden Aufstieg. Schlimm genug, bei 100 Stufen überhaupt von einem »Aufstieg« zu reden.

Oben angelangt, entdeckte ich zwischen den einzelnen mit Mandelbäumen bewachsenen Terrassen die sogenannte Höhle der Tauben – die »Cova dels Coloms« – sowie einen Brunnen, der sogar noch zum Schöpfen von Bergwasser genutzt wird. Dieser Gedenkplatz samt Holzskulptur ist der »Heiligen Jungfrau von Lourdes« gewidmet. In früherer Zeit kamen die Leute hierher, um zu beten. Letzteres war wohl auch der

Anlass unseres Aufenthaltes, denn wir hielten uns dort oben sehr, sehr lange auf – ich weiß nicht mehr, wie lange, aber es waren mindestens vier Stunden –, um in Gebet und Versenkung zu verharren.

Ich versuche, religiöse oder eben jedwede heiligen Orte – unabhängig von meiner eigenen Lebenshaltung – stets mit viel Respekt zu betreten und mich entsprechend dezent zu verhalten. Zum einen, um den Ort selbst und die Geschichte des Ortes wertzuschätzen, und dann aber auch in Rücksicht auf die Anwesenden, ja sogar die Nichtanwesenden. An diesem Tag nahm ich Rücksicht auf meine Begleiter – wir waren übrigens allein vor Ort, die einzigen Besucher, bis auf ein Ehepaar, das kurz auftauchte und nur für wenige Minuten blieb. Es war keine Saison. Irgendwann während dieser vier Stunden stellte ich mich vor die hölzerne Marienfigur und demonstrierte meinen Respekt, indem ich die Hände faltete, mich verbeugte und anschließend bekreuzigte. Dabei fiel mir auf – das darf ich wirklich keinem sagen –, dass ich nicht einmal mehr wusste, wie man ein Kreuzzeichen richtig macht, zumindest im Sinne der Dreifaltigkeit. Oben, unten, rechts oder links zuerst. Es war mir schlicht über die Jahre entfallen. Was sich aber nicht geändert hatte, war die Neigung meines Herzens, in solchen – ohnehin seltenen – Momenten hin- und hergerissen zu sein. Ich hegte einerseits den Wunsch, dem Ort mit all seiner Geschichte und Bedeutung Hochachtung und Ehre zu erweisen, andererseits tat ich mich mental damit unheimlich schwer. In meinem Kopf feuerten die Gedanken wie aus einer Maschinenpistole: Ja, was denn jetzt, das geht ja wohl auch in zehn

Minuten, ach was, drei Minuten genügen! Und was machen wir hier? Das ewige Verbeugen, Verneigen und überhaupt. Es ging mir ehrlich gesagt auf die Nerven. Ich habe es gesehen, danke. Ich habe fertig.

Ich frage mich auch heute noch, was passiert in den Köpfen oder Herzen der Menschen, die stundenlang andächtig an heiligen Orten verharren? Welche Gefühle und Gedanken haben die, die ich anscheinend nicht habe? Als ich da oben stand, fühlte ich mich unruhig, ungeduldig. Ich fühlte mich sinnlos platziert und sah auch die anderen nur herumstehen. Wofür?

Viel Wind um nichts.
Nichts!
Nichts passierte – wie immer.

Aber ich wusste gleichzeitig auch nicht, was ich denn stattdessen erwartete. Worauf lief die ganze Aktion hinaus? Teuer genug war sie ja, ein Luxusausflug ohne Show?

Dieser Wirbelsturm in meinem Kopf fand tatsächlich statt, wie schon viele Male zuvor. Wie schon damals in meiner Kindheit, wenn ich partout nicht begriff, warum ich in der unterkühlten Kirche sitzen musste, und nichts passierte. Nichts mit mir passierte, wohlgemerkt. Auch diesmal ließ mich der rituelle Besuch einer heiligen Stätte innerlich kalt. Je mehr Zeit verging, desto unentschlossener war ich, mir das noch länger anzutun. Am liebsten hätte ich meine Beine in die Hand genommen und mich auf den Rückweg gemacht. Die Bandbreite meiner Gefühle hatte beim großen Respekt angefangen und hörte schließlich beim Zorn über die vergeudete Zeit auf. Trotzdem machte ich gute Miene zum bösen Spiel. Auch zu all den Danksagungen und Dankeszettelchen, die hier überall, in jeder Steinritze, zu finden waren. Um der Langeweile etwas entgegenzusetzen, fing ich an, sie zu lesen, und konnte so einiges über angebliche Wunder erfahren – an die ich natürlich keinesfalls glaubte.

Auf all diese langen zermürbenden Momente folgten dann irgendwann doch endlich Abstieg und Heimreise. Ich saß schon bald in meiner Limousine und fuhr in den aufdämmernden Abend hinein – das war der Vorabend des Tages, vor dem ich mich eigentlich und wirklich richtig fürchtete. Wir steuerten auf den Höhepunkt der Veranstaltung zu. Ich wusste nicht, was das sein würde, aber ich wusste, dass mit Sicherheit am nächsten Tag wieder eine Erwartung an mir nagen würde, dass doch bitte endlich etwas passieren möge, das auch mich beträfe, das auch ich fühlen könnte. Ich glaubte nicht an Wunder, aber ich erwartete die Erwartung eines solchen, und das machte mir Angst.

SANTUARI DE SANT SALVADOR

Gefühlt mitten in der Nacht, gegen 3.30 Uhr, von Dunkelheit eingehüllt, setzte sich unser Tross in Bewegung zum »Santuari de Sant Salvador«. Das Kloster mit einer Geschichte, die bis ins Mittelalter zurückreicht, liegt in 509 Meter Höhe auf dem Berg Puig de Sant Salvador im Südosten von Mallorca, nahe der Stadt Felanitx. Eine eindrucksvolle Gegend. Vor dem Zugang zum Kloster erhebt sich ein imposantes Monument des Christus-Königs mit einer Gesamthöhe von 44 Metern. Der Ursprung des Klosters im Jahr 1348 geht auf König Pere IV. von Aragón zurück, der den Auftrag gab für den Bau der ersten Erlösungskapelle, und zwar für die Überlebenden einer Pestwelle, die etwa die Hälfte der Bevölkerung dahingerafft hatte. Auf den Berg pilgerte fortan ein Strom von Menschen, die für Heilung dankten oder um Heilung baten oder in irgendeiner Weise ihr Heil suchten oder dessen Verlust betrauerten. 1715 entstand an der Wallfahrtsstelle die Kirche, wie sie heute noch vorzufinden ist.

Die Anfahrt von Felanitx zum Kloster erfolgt über eine Serpentinenstraße, die viele schöne Aussichtspunkte und einen sensationellen Panoramablick über die gesamte Insel bietet. Im Nordwesten erblickt man die Serra de Tramuntana, im Südosten die Insel Cabrera und Richtung Norden kann man bis nach Pollença und Alcúdia schauen. Die Serpentine führt unter anderem an einer kleinen Kapelle, einem großen Steinkreuz aus dem Jahr 1957 und eben dem genannten Christus-König-Monument von 1934 vorbei.

So weit die Beschreibung der Anfahrt, in unserem Fall jedoch sollte das Wort »Anfahrt« auf halber Strecke durch »Anwanderung« ersetzt werden: Wie gesagt, es war barbarisch früh am Tag, wir starteten im Stockfinstern. Es gibt für mich schon kaum etwas Schlimmeres, als mit einem Pyjama-rote-Augen-Flieger zum nächsten Vortrag zu düsen. Dafür bekommt man zumindest eine äußerst angemessene Vergütung. Doch früh aufzustehen, um zu wandern, das war für mich ungefähr so unmöglich, wie in eine Eisdiele zu gehen, ohne ein Eis zu essen. Ach was, es war noch viel schlimmer. H., die Crew um die Chefin und ich wurden von den Fahrern gerade mal in die Nähe des Klosterberges gebracht, um den Rest der Strecke, vor allem den Anstieg, dann auf eigenen Füßen zu bewältigen. Jeder für sich allein, versteht sich. In vollkommener Dunkelheit, mit Stirnlampen ausgerüstet.

Ich musste die Leiterin gar nicht groß über meine Kurzatmigkeit aufklären. Gerade sie kannte meine japsenden Geräusche inzwischen so gut wie kaum jemand anderes, schließlich waren wir schon viel miteinander unterwegs gewesen. Daher schlug sie vor, ihr Mitarbeiter solle die Serpentinenstraße patrouillieren für den Fall, dass ich den Aufstieg zu Fuß nicht schaffen würde. Diesmal konnte ich meine sonst so gut funktionierende Strategie nicht ausspielen und als Erster starten. Das hätte auf diese lange Strecke hin auch gar nichts gebracht. H. hätte mich schnell eingeholt. Zudem sollte nicht ich, sondern er mit einem Zeitvorsprung in die Dunkelheit des Berges aufbrechen. Warum die Chefin das so entschied, blieb unausgesprochen. Wir fügten uns. H. startete, wenig später bekam ich das Zeichen, meinen Weg zum Kloster zu beginnen.

Ich war mir zunächst sehr unsicher, ob ich in der Finsternis überhaupt den Weg finden würde, trotz Stirnlampe. Ich bin – was die Orientierung angeht – ein planloser, besser gesagt schlichtweg hilfloser Mensch, und zwar bei weitem nicht nur nachts. Als ich vor Lichtjahren in München gelebt habe, musste ich auch nach vielen Monaten und bei aller Routine immer noch mit eingeschaltetem Navigationssystem nach Hause fahren. Das lag nicht an München, es gibt auch sonst keinen Ort, den ich ohne Navi ansteuern würde – ausgenommen New York. Die eine Stadt, die ich so sehr liebe und auch zu kennen glaube. Die einzige Stadt, die ich ohne Karte und Navi verstehe. Zugegeben, der Kenner des nummerierten Straßensystems in New York wird mich jetzt auf die überaus einfache und verständliche Art der Straßennummerierung und Kategorisierung hinweisen. Ja, das macht die Stadt so herrlich einfach. Und dennoch, immer wenn ich dort bin, glaube ich die einzelnen Stadtteile allein am Geruch zu erkennen. Es riecht eben anders, wenn man in der 34. Straße, in Little Korea mit den Tischgrills herumläuft als in Little Italy, wo die Pizzaöfen glühen, oder in Soho, wo es so viele Beauty- und Parfumgeschäfte gibt, dass man sich mitten in der Nebelwolke der Parfümerieabteilung eines Kaufhauses wähnt. Aber ich schweife ab, denn hier gab es nur spanische Waldluft. Dunkle, spanische Waldluft, die nach Pinien roch.

Hochkonzentriert und hochfokussiert ging ich los. Ich versuchte, meine Kraft von der ersten Sekunde an gut einzuteilen. Ich kam voran, und auch die Dunkelheit war nicht von ewiger Dauer. Nach einer guten Strecke, ein erster Lichtschimmer ließ bereits Konturen der Umgebung erahnen, sah ich ihn am Wegesrand: H. Im ersten Moment war ich ein wenig erschrocken. Ich wollte am liebsten ohne Begleitung, ganz allein diesen Berg erklimmen. Doch er kam an meine Seite und begann eine kleine Konversation – dem strengen Sprechverbot zum Trotz. H. ist ein so liebevoller Mensch. Letztlich war er es, der mich sachte diesen Berg hinaufführte. Anscheinend wohl um mich wissend, war er ein behutsamer Begleiter, ohne jede Aufforderung. Da wir einen traditionellen Kreuzweg, oder auch Prozessionsweg, aufstiegen, der in regelmäßigen Abständen mit Andachtstationen versehen war, blieb er an jeder Station stehen, betrachtete die dort angebrachte Erklärungstafel in stoischer Ruhe und richtete einige Worte an mich. Er machte – sicherlich wegen mir – so viele Stopps und Pausen, dass es für mich letztlich und unverhofft doch ein Leichtes war, alles in allem, auf dem Gipfel dieses Berges anzukommen. Ich nenne ihn heute noch meinen »Bergführer«.

Liebe Leserin, lieber Leser, sollten Sie diesen Ort kennen, dann merken Sie spätestens jetzt, dass meine Beschreibungen eher meine Gefühle und meine Angst ausdrücken und damit eine äußerst subjektive Einschätzung der Größe dieses Berges wiedergeben. Halten Sie mir bitte meine subjektive Wahrnehmung zugute. Ich bin mir dessen voll bewusst, dass jeder Durchschnittswanderer hier ganz sicher von einem kleinen Spaziergang sprechen würde. Freuen Sie sich einfach mit mir, dass ich es geschafft habe, Sie können auch gerne dankbar sein, eine gesunde Lunge zu haben.

Irgendwann kamen wir an die Klosterkirche, ein recht nüchterner Bau mit Festungscharakter, und warteten auf die anderen. Es war noch unheimlich ruhig, die Kirche war sogar noch verschlossen. Das lag an der frühen Morgenstunde und daran, dass wir im Januar, in der absoluten Non-Season, vor Ort waren. Dennoch spürten wir, dass im Hintergrund Vorbereitungen im Gange waren. Jetzt dämmerte mir, dass unsere Leiterin die Kirche nur für uns exklusiv gemietet hatte, und mir dämmerte auch, dass der Mitarbeiter eigentlich nicht als Chauffeur, sondern als Organist mitgekommen war. Er würde die Orgel spielen – nur für uns. Wie wunderbar, dachte ich, auch wenn ich dem übrigen Prozedere mit nervöser bis aversiver Spannung entgegensah.

Im Vorhof des heiligen Anwesens befindet sich eine Darstellung des Abendmahls als Relief, welches eine Nachbildung des Abendmahls über der »Puerta del Mirador«, der Eingangstür der »La Seu« – Kathedrale der Heiligen Maria –, in Palma entwirft. Über dem Portal im Hof befindet sich ein Bild der Madonna unbekannten Ursprungs. H. und ich betrachteten schweigend die Außenanlage mit all ihrer opulenten Kunst, bis sich schließlich der Rest der Crew, angeführt von der Leiterin unserer Unternehmung, bei uns einfand. Wir wurden in die Kirche hineingeführt und konnten sie nun ganz für uns allein ein wenig erkunden.

Ich muss gestehen – und das wird Sie nicht wundern –, ich bin viel zu wenig firm, was Kirchen und deren Interieur angeht. Wenn ich Ihnen hier im Folgenden Fachbegriffe anbiete, dann habe ich diese gegoogelt und bin bemüht, sie richtig anzuwenden, denn es gibt gleich ein wenig zu erklären: Die Verehrung der »Mutter Gottes« am Sant Salvador begann im 15. Jahrhundert. Eine Legende besagt, dass ein Hirte am Fuße des Berges ein glänzendes Bildnis der Mutter Gottes fand und mit dieser Kostbarkeit von Engeln hier heraufgeleitet wurde. Es gehören zwei im Jahr 1486 im Inventar verzeichnete Marienbildnisse zur Geschichte der Kirche: ein Votivbild und eine Statuette. Im Jahr 1572 wurde die heilige Stätte erstmalig urkundlich erwähnt, ebenfalls im 16. Jahrhundert umgebaut und vergrößert. Der Wallfahrtsort wurde nach und nach zu einem Marienheiligtum, zu dem immer mehr Menschen pilgerten. Anfang des 18. Jahrhunderts entstand die heutige Kirche mit mehreren Seitenkapellen. Am 24. August 1716 erfolgte offiziell die Weihe der großen Kirche als Heiligtum zur Anbetung der Jungfrau Maria.

Der Hochaltar in der Apsis am vorderen Ende des Hauptschiffs zeigt eine gotische Statuette aus dem 15. Jahrhundert: Maria mit Kind. Sie ist gerade einmal 50 Zentimeter hoch. Der Bildhauer Pere Coronero verzierte den Hochaltar im 18. Jahrhundert mit barocken Elementen, das große schöne Retabel aus Alabaster im Hintergrund der Marienstatuette hat der mallorquinische Bildhauer Tomàs Vila Mayol 1942 im Auftrag der Stadt Felanitx beigesteuert. Die goldenen Inschriften deuten auf die Gottesmutter: *Salve Regina* – Sei gegrüßt, o Königin. *Mater Misericordiae* – Mutter der Barmherzigkeit. *Mater Salvatoris* – Mutter des Erlösers. *Salus Infirmorum* – Heil der Kranken. *Refugium Peccatorum* – Zuflucht der Sünder. *Consolatrix Lictorum* – Trost der Betrübten. *Auxilium Christianorum* – Hilfe der Christen. *Ave Maria, ora pro nobis peccatoribus* – Gegrüßt seist du Maria, bete für uns Sünder. Ich bin des Lateinischen nicht mächtig, daher kannte ich die Bedeutung der Inschriften damals nicht. Wahrscheinlich mein Glück, denn ich hätte wohl mit einem Augenrollen davorgestanden. Aber so konnte ich – zu diesem Zeitpunkt Gold wert – mit ausreichend innerem Abstand auf alles blicken, gefasst bleiben und abwarten.

Unsere Leiterin führte H. und mich behutsam näher an den Altar heran, und sie zelebrierte diesen Moment mit uns gewissenhaft. Nach Gebet, Kontemplation, diversen Verbeugungen und Kreuzzeichen hieß sie schließlich H., direkt vor die Statuette zu treten. Er sollte seine Hand ausstrecken und die Finger so halten, als wolle er den Griff eines Fahrradlenkers greifen. Unterhalb der Marienfigur war eine unscheinbare Mulde angebracht, die mir bisher überhaupt nicht aufgefallen war. Ich kenne diese Art von »Griffmulden« oder Berührungsgegenständen oder Öffnungen kaum. *(Liebe Leserin, lieber Leser, sollten Sie mehr über diese »Mulden« oder deren korrekte Bezeichnung wissen, bitte stillen Sie meine Neugierde unter: h.scherer@hermannscherer.com.)*

Einmal durfte ich die Bronzestatue des sitzenden hl. Petrus aus dem Jahr 1300, die seit Jahrhunderten zu den meistbesuchten und bekanntesten Kunstwerken im Petersdom in Rom gehört, betrachten. Besondere Verehrung genießt die Figur, weil die Berührung des rechten Fußes Glück bringen soll. Dementsprechend haben über Jahrhunderte Pilger den Fuß durch Anfassen so weit abgenutzt, dass er klein und nahezu unkenntlich als ebensolcher geworden ist. Ich war damals überrascht, geradezu schockiert, dass Berührungen von Menschen einen Bronzefuß – immerhin reden wir hier von Metall! – so arg verkümmern lassen konnten. Angeblich wurde der Fuß im Laufe der Zeit sogar mehrmals erneuert. Unfassbar. Unabhängig davon war das – neben einigen Brunnen, um die sich abergläubische Gebräuche ranken – meine einzige bewusste Erfahrung mit Gegenständen solcher Art.

An dieser Stelle noch ein kurzer Exkurs bezüglich einer ganz anderen Brisanz: Ich fasse grundsätzlich nicht gerne an, was viele anfassen, auch schon vor Coronazeiten. Ich finde es als befremdlich, einen Gegenstand zu berühren, den wahrscheinlich an einem Tag – wie zum Beispiel im Petersdom – mehrere Tausend Menschen aus aller Welt berühren. Wenn das kein Übertragungszentrum und Verbreitungsherd für Bakterien und deren Freunde sein soll, dann weiß ich es auch nicht. Wäre ich ein Bakterium und hätte es darauf angelegt, so viele Menschen wie möglich zu packen, ich würde mich auf solche Stellen konzentrieren. Es gibt jedoch drei Gründe, die meine Angst diesbezüglich stets ein wenig gezähmt haben: Erstens gab es die Oligodynamie, die auf den Schweizer Botaniker Carl Wilhelm von Nägeli zurückgeht. Denn, so von Nägeli, die Ionen einiger Metalle haben eine schädigende Wirkung auf unterschiedliche Krankheitserreger, zu denen Bakterien, Viren und Pilze zählen. Die Metalle, bei denen dieser Effekt bisher beobachtet werden konnte, sind in absteigender Reihe nach Wirkung sortiert: Quecksilber, Silber, Kupfer (und seine Legierungen), Messing und Bronze, Zinn, Eisen, Blei, Bismut. Zweitens befanden sich betreffende Gegenstände meistens in einer Kirche, das sollte doch – Glaube hin oder her – einen gewissen Schutz bieten. Und drittens, mein wichtigster Punkt: Desinfektionsmittel. Man kann sich doch selbst helfen.

Die Leiterin nickte jedenfalls H. aufmunternd zu, was so viel hieß, wie seine Finger da hineinzulegen – in besagte Mulde. Er tat, wozu er geheißen wurde, und führte seine Hand mit ihrer Hilfe in diese Mulde. Einige Sekunden später holte er sie wieder heraus. Es folgten erneut Kontemplation und Gebet. Ich schaute meinen Mitbruder forschend an, aber mein beobachtendes Auge fand keine Fährte. Sollte irgendetwas passiert sein, war es – zumindest von außen – nicht sichtbar. Nachher wie vorher.

Nun war ich dran.

Für einen kurzen Moment schien es wie ein Déjà-vu des gestrigen Tages: Mein Herz war wieder hin- und hergerissen. Da gab es wieder den Wunsch, dem Ort und all den Zusammenhängen den nötigen Respekt und die Ehre zu erweisen, andererseits wehrte sich mein Verstand dagegen. Nervöse Unruhe belagerte mich bei all diesem zeremoniellen Gehabe. Sie erinnern sich? Viel Wind um nichts. Nichts! Nichts wird passieren – wie immer. Und schon stand die Leiterin neben mir, griff nach meiner Hand, und ich versuchte, die Gedanken in meinem Kopf wie Fliegen zu verscheuchen, um ganz und gar im Hier und Jetzt zu sein. Das war ich ihr schuldig, mir vielleicht auch und solidarisch gesehen erst recht H.

DAS WUNDER

Es war plötzlich sehr still in der Kirche. Das war es natürlich schon die ganze Zeit, aber jetzt bemerkte ich es in einer Deutlichkeit, die mir ein bisschen zu schaffen machte. Sie steigerte die Anspannung und gleichzeitig nötigte sie mich zur Konzentration. Meine Gefühle hatten im Grunde nichts von einer angemessenen Aufregung, ganz im Gegenteil. Sie schien mir sogar zu fehlen. Ich schien mir fehlend. Ich machte mit, weil ich in mitmachenden Haltungen versiert war. Aber ich versprach mir wenig, eigentlich nichts. Der Moment war weder von Hoffnung noch Erwartung geprägt. Es war ein respektvolles Mitmachen, nicht mehr. Nicht weniger. Und ich wusste, dass ich genauso gut hätte zu Hause bleiben können. Ich war ein Fall für die Stornoabteilung, für die Langeweile-Soko. Wie war ich hier nur hineingeraten? Und vor allem, wie kam ich da wieder raus? Nahe am Peinlichkeitslimit, bewegte ich meine Hand also in Richtung Mulde. Die Finger hatten noch nicht einmal richtig den Rand berührt, da passierte es. Passierte es doch. Passierte, was nicht passieren konnte und durfte. Passierte, was ich ablehnte, mied und seit jeher zum Teufel schickte: **Gott berührte mich.**

Nicht umgekehrt!

Gott berührte mich auf das Heftigste, Unverständlichste, Unfassbarste und vor allem Unglaublichste. Meine unausstehliche Ignoranz ignorierend.

In Ermangelung von Vergleichsgrößen, die auch nur annähernd in Frage kommen, würde ich es so beschreiben:

In diesem Augenblick meinte ich einen Staubsauger – ach was, einen riesengroßen Industriekärcher – an meinen Körper andocken zu spüren. Innerhalb von Bruchteilen einer Sekunde zog mir dieses Ungetüm »die Schwere« aus meinem Körper. Riss sie mir geradezu gewaltsam heraus! Ich hatte noch nie etwas erlebt, das, sagen wir, dieser Oberliga entsprach. Stellen Sie sich vor, Sie haben noch nie etwas von Erdbeben gehört und werden plötzlich vom Erdinneren verschluckt. Sie kennen noch nicht mal das Wort Tornado und werden kilometerweit in die Luft geschleudert. Erbärmliche Beispiele. Ich habe keine anderen, Sie mögen mir das nachsehen. Das ist nicht meine Expertise. Mit einer unbändigen, unglaublichen, unfassbaren Kraft, wie ein Sturm, der nicht äußerlich, sondern innerlich in meinem Körper wütete, saugte mir diese Energie mit einem Mal was auch immer aus dem Leib. Es fühlte sich an, als würden meinem Körper mindestens 700 Kilogramm Last entrissen – in einer Millisekunde! Mit einer ultimativen Vehemenz schnitt oder operierte – nennen Sie es, wie Sie wollen – eine Kraft außerhalb von mir, eine Kraft, die ich nicht verstand und die offensichtlich keinen Wert darauf legte, dass ich sie verstand oder überhaupt akzeptierte, eine Lastenschwere von oder aus meinen Schultern, von der ich nichts gewusst hatte. Was immer mich da von mir unbemerkt beschwert hatte, wurde in einem immensen Sog von mir gerissen und verschwand in diesem Loch, in dieser Mulde.

Die Schreckreaktion, biochemisch erklärt, dient dem Organismus dazu, sich im Nullkommanichts auf eine Bedrohung einzustellen. Sie aktiviert Schutzmechanismen, die eine Verletzung verhindern sollen, beispielsweise ein schneller Lidschluss oder die Kontraktion der Skelettmuskulatur. Durch einen Schreck wird jedes Handeln abrupt unterbrochen, selbst wenn wir schlafen. Dafür sorgt unser Körper absolut eigenmächtig. Unsere Aufmerksamkeit richtet sich spontan auf den Reiz, der diesen Schreck in uns ausgelöst hat. Und das Wichtigste: Ruckartiges, schnelles Einatmen gewährleistet eine erhöhte Sauerstoffversorgung. Ich erschreckte mich so sehr, dass ich unkontrolliert heftig und unheimlich schnell einatmen musste. Der Versuch, heftig einzuatmen, endete bei mir bis dato meist erfolglos und ließ maximal ein kleines, gekeuchtes »hi« hörbar werden. Das Keuchen kam dann von meiner Lunge, die sich geradezu bockig verschloss, sodass ich kein nennenswertes Volumen einatmen konnte. So jedenfalls kannte ich es bislang, und es war stets ein fürchterliches Gefühl, wie ein starker Hunger nach Luft. Doch hier, in diesem Moment, passierte genau das Gegenteil: Ich konnte zum ersten Mal im Leben ein derartig großes Lungenvolumen einatmen. Nie zuvor hatte ich so tief Luft holen können – und jetzt sogar müssen. Die körperliche Erfahrung, bis in den untersten Bauchraum hineinzuatmen, war fast genauso überwältigend wie die sich vollziehende göttliche Grundreinigung mit dem Staubsauger. Die eingeatmete Luft kam so tief in meinem Körper an, dass ich den Eindruck hatte, jemand habe ein kleines Luftpölsterchen gegen einen XXL-Luftballon getauscht. All das passierte nahezu gleichzeitig.

Und darüber erschrak ich erneut.

Ich war geschockt.

Ich war Hunderte Kilo leichter, konnte uneingeschränkt atmen und verfügte über ein freies oder zumindest sehr viel freieres Lungenvolumen. Das fühlte sich sehr gesund an. Mit jeder Sekunde, die verging, fühlte ich es mehr. Ja, ich fühlte es überhaupt erst verzögert, als der Schreck nachließ. Und ich möchte es noch einmal so sagen: Das Herausreißen von was auch immer war ein Erschrecken, wie ich es noch nie erlebt hatte, aber das Verschwinden des was auch immer in der Mulde war mindestens ebenso erschreckend, noch verwirrender sogar. Allein die naive Vorstellung davon ist mir bis heute völlig unbegreiflich und macht die Sache womöglich noch unglaubwürdiger.

Als ich mir dessen bewusst wurde, konnte ich schon nicht mehr zugreifen auf meinen Stolz oder meine Logik, beides war nicht mehr anwesend. Mein Verstand kapitulierte. Etwas in mir gab sich geschlagen, gleicherweise schien es sich auch zu freuen. Etwas in mir war erleichtert in einer Weise, die an pränatales Wohlfühlen grenzte. Alles, was ich fühlen konnte, war eine Leichtigkeit, die mir völlig fremd war. Einatmende Leichtigkeit. Ausatmende Leichtigkeit. Große Stille nach großem Sturm.

Es war überwältigend.

Ich war überwältigt.

Ich kniete mich auf den Kirchenboden, bedankte mich, betete und weinte.

ICH BIN EIN SKEPTIKER

Kontemplation wird gerne erklärt als »bewunderndes Betrachten« und »tiefes Nachsinnen«. Auf Knien, derartig durchgeschüttelt, hatte ich mehr als genug bewundernd zu betrachten und tief nachzusinnen. Ich weiß nicht mehr, wie lange ich in dieser Haltung verbrachte, aber fortan dachte ich nie wieder, das sei in drei Minuten erledigt. Verbeugen. Verneigen. Kreuzzeichen. Der Musiker spielte mittlerweile auf der Orgel und irgendwann erhob ich mich langsam vom harten Kirchenboden. Mit wackeligen Beinen setzte ich mich auf eine Bank, immer noch völlig unwissend, wie ich mit den Geschehnissen umgehen sollte. Ich atmete frei vor mich hin, zu etwas anderem war ich nicht imstande. Unsere spirituelle Leiterin kaufte für H. und mich in dem kleinen Laden, in dem wir später den Schlüssel abgeben sollten, je einen Rosenkranz. Schweigend ließ sie die Gebetsketten in unsere Hände gleiten, und ich kann mich noch sehr gut daran erinnern, dass ich mich innerlich wie äußerlich daran festhielt – oder wenigstens das Gefühl hatte, mich irgendwie darin zu verankern. Dieser schlichte Rosenkranz, aus ganz normalen Holzperlen, wie ich früher dazugesagt hätte, um jedem klarzumachen, dass ich Gegenständen keinerlei Wirkungsmacht zuschreibe, hängt heute noch über meinem Bett.

Erst ein Jahr später las ich auf Wikipedia, dass vor der Marienkirche auf dem Puig de Sant Salvador in einem kleinen separaten Raum Hunderte Gaben, Andenken, Kerzen, Blumen und Fotos zu finden seien, mit denen Menschen Gott dafür dankten, dass sie von einer

Krankheit oder einem Leiden befreit wurden. Ich habe diesen Raum damals nicht betreten, eigentlich gar nicht bemerkt. Und ich habe sowieso niemals an so etwas geglaubt, im Gegenteil, nicht selten als naiv und verklärt belächelt. Jetzt bin ich einer von denen, die abends die Hände falten. Weil ich so dankbar bin – bis heute bin. Was mit mir geschehen ist, war ein Wunder. Dass Gott existiert, war das noch viel größere Wunder!

Ich möchte einfach Gott dazu sagen, denn mein Erlebnis fand nicht in einem Tempel, einer Synagoge, Moschee, einem Mandir oder Cemevi statt, sondern in einer Kirche. Ich habe eine Marienstatue berührt, keine Buddhafigur. Daher liegt es mir näher als alles andere, Gott dazu zu sagen. Und das betone ich ganz wertfrei, denn ich achte und respektiere jeden Glauben und jede Religion. Ich weiß nicht, ob es einen oder mehrere Götter gibt. Ob es eine einzige große Kraft gibt oder viele. Ob man diese Kraft, Kräfte personifizieren kann oder eben nicht. Wie abstrakt man sich das vorstellen muss, oder wie konkret. Und ich weiß letztlich auch nicht, wie wir diese Energie nennen sollen. Ich nenne sie Gott. Gleichzeitig stelle ich jedem frei, sie anders zu nennen, es anders zu sehen und vor allem ganz individuell zu erleben.

Unser Seminar endete übrigens nicht auf der Bank in der Kirche Santuari de Sant Salvador, nachdem H. und ich die Marienstatuette berührt hatten. Nachdem unser gemeinsamer Aufstieg – ein paar Stunden zuvor – eine zarte Verbindung zwischen uns geschaffen hatte, blieben wir beide, als einzige Teilnehmer, auch beim Abstieg einander nahe, allerdings jetzt doch ausgiebig schweigend, jeder in seine eigenen Gedanken und Gefühle versunken. Später, in unserer Unterkunft, tauschten wir uns leise über unser Erleben aus, doch ich möchte aus Gründen der Diskretion hier nicht fortfahren mit meinem Bericht. H. und ich stehen auch heute noch in Kontakt, das gemeinsame Erleben des ersten Männerseminars und die transformativen Tage auf Mallorca haben uns eine Gefährtenschaft der besonderen Art beschert, die ich sehr schätze.

Ich möchte mich im Folgenden nicht in nachgeholten Wunder-Definitionen und -Argumenten verlieren, wenn ich über das Danach berichte – über das, was nach dem Geschehnis weiter vor sich ging. Ich habe es eben auch schon betont, allein die Tatsache, dass überhaupt so etwas WUNDERvolles passiert, und offensichtlich nicht nur mir, Hermann Scherer, war für mich eine starke Offenbarung und viel entscheidender noch als das Wunder meiner Genesung selbst. Mir ist vollkommen klar, dass dieses Wunder wohl nie ohne die Frau hätte stattfinden können, die H. und mich hierhergebracht hatte. Die Kraft, oder soll ich lieber gleich vom Potenzial eines Wunders sprechen, war an diesem Ort unbestreitbar vorhanden, und doch hätte all dies seinen Lauf nicht nehmen können, wenn diese Frau nicht dieses Angebot gemacht und uns begleitet hätte. Logisch. Weniger logisch zu begründen sind die anderen vielen kleinen und großen Vorkehrungen, die sie getroffen hat. Wie sie das Setting bestimmt hat, wie sie uns angeleitet hat, was immer sie selbst betend, verneigend, verbeugend und bekreuzigend dazugetan hat. Sie ist eine außergewöhnliche Frau, das habe ich Ihnen ja schon erzählt. Und in der Zeit, da sie sich meiner in der exklusiven Einzelberatung angenommen hatte, durfte ich auch lernen, dass sich jede auch noch so kleine Situation aus einem komplexen Geflecht zusammenwirkender Dinge ergibt. So, wie sie ist, jede einzelne Situation. Sei sie noch so alltäglich und unbedeutend, besteht sie aus Möglichkeiten, Gelegenheiten, Voraussetzungen, Umständen, Intentionen, Ansagen, Gefühlen und Gedanken im Besonderen, aber auch ganz persönlichen Ingredienzien und Bewegungen. Und als Vorbereitung auf die Gelegenheit, ein Wunder zu erleben, hatte jene Frau im Falle dieses Männerseminars – das sich letztlich zu einer Meisterklasse entwickelte – obendrein eine förderliche Energie und bestimmt auch viel Liebe beigesteuert. Sie halte uns dafür geöffnet, dafür empfänglich gemacht und an die Kraft des Wunders im wahrsten Wortsinn herangeführt.

Trotzdem war und blieb ich ein Skeptiker. Ich bin noch nie sehr leichtgläubig gewesen, vor allem wenn es um Suggestionen und Manipulationen geht. Das liegt an meinen tieferen Einblicken ins große Business. Das wollen Sie nicht wirklich wissen. Außerdem bin ich schon rein beruflich der personifizierte Überzeuger, aber gerade deshalb auch nicht leicht zu überzeugen. Ich fühle mich selbst immun. Man kann mir kein X für ein U vormachen. Mindestens wird es immer Ambivalenzen in mir geben. Ich weiß nicht, woran es letztlich liegt, aber die Wahl meines Karriereberufes hat diese Spur erst recht betoniert, obwohl sie vorher schon als Trampelpfad angelegt war. Als Redner, Trainer, Berater hantiere ich mit dem, was ich weiß. Und ich teile alles, wirklich alles, was ich weiß und was auf dem Erfolgsweg funktioniert, mit meinen Kunden und Kundinnen. Insofern: Wer missioniert, kann selbst nicht missioniert werden. Wer andere lehrt, lässt sich selbst nichts sagen. Wer Werbung macht, dem kann man nur selten was verkaufen. Und so weiter. Vielleicht kennen Sie ja diese Sonderklausel meines Berufsstandes.

Mit dem Wunder auf dem Puig de Sant Salvador verhält es sich jedoch völlig anders: Dieses elixierhafte Element in meiner Biografie schrieb sich nicht nach Regeln und Gesetzen. Dem Wunder war es egal, ob ich Kirchenmitglied bin oder nicht, und noch egaler, ob ich gläubig bin oder nicht. Widerspenstig oder fügsam wie ein Kaninchen. Es richtete sich in gar keiner Hinsicht nach mir, außer nach meiner Krankenakte. Was ich dachte, ob ich spottete, mich fürchtete, bettelte, es spielte keine Rolle. Es war auch kein Wunder, speziell aktivierbar für Skeptiker, aber es traf bei mir als Skeptiker natürlich direkt ins Schwarze, und zwar ganz und gar zitterfrei. Es hatte es nicht nötig, vorher nach einem Glaubensbekenntnis zu fragen. Deshalb ist es für mich jetzt die größte Herausforderung, seit ich denken kann, davon zu sprechen. Zuzugeben, dass mir das passiert ist. Warum? Weil ich darüber NICHTS sagen kann. Ich konnte Ihnen bis hierher die Story erzählen, aber das hilft ja nichts. Sie werden mir das nicht glauben. Und anders als auf der Bühne werde ich ohne Ihren Applaus auskommen müssen – vielleicht auch Schlimmeres.

Ich stehe sozusagen an der Grenze des Verstehbaren und muss sagen: Ab hier weiß ich im Grunde gar nichts. Und das, obwohl ich sonst so gut wie alles weiß und auch nie für mich allein behalte. Hier muss ich passen. Ich kann nichts darüber sagen, was ein Wunder ist, noch weniger, wie es zustande kommt. Ich kann nichts, aber auch gar nichts über Gott sagen, außer dass es ihn – oder so etwas wie ihn – gibt. Ich kann niemandem versprechen, von Gott mit einem Wunder beschenkt zu werden. Noch weniger, dass es dafür einen Plan gibt. Keinen Beipackzettel, kein Rezept. Nichts, was ich empfehlen könnte.

Man kann Wunder nicht kopieren, nicht auswendig lernen, leider auch nicht strategisch oder taktisch berechnen und kalkulieren. Und weil ich das alles weiß – also weiß, dass ich nichts weiß, wenn es um das Wichtigste überhaupt geht –, kann ich das Wunder auch nicht zu meinem Thema machen. Ich kann es nicht auf die Bühne bringen, weil es dazu kein Praxistool gibt. Ich kann darüber nicht vortragen, kein Wunder-Menü kochen oder Wunder-Häppchen anbieten. Alles, was mir dazu einfiele, aber das würde nicht im Ansatz reichen für einen substanziellen Vortrag, wären kluge Sprüche wie dieser des Prälaten Wilhelm Imkamp zum Thema Wunder: »Sie sind der Aperitif des ewigen Lebens.«

ZWISCHEN HIMMEL UND ERDE

Sie dürfen jetzt zweifeln und grübeln. Das würde ich auch tun. Um es sicherheitshalber zu wiederholen: Ich bin ein skeptischer Mensch, immer noch. Ich gehöre nicht zu denen, die einen auskurierten Schnupfen als

Wunder bezeichnen. Doch ich spüre noch etwas ganz anderes und das finde ich viel dringlicher, während ich diese Zeilen hier schreibe: Jede Art von Rechtfertigung ist unangebracht. Begründungen sind nicht nötig, sollen nicht nötig sein müssen. Was mir passiert ist, war von einer Tiefe, Brutalität und Vehemenz, dass es dafür gar keine passende Beschreibung geben kann, jedenfalls nicht in meinem Vokabular. Gleichzeitig war es vollkommen klar und eindeutig etwas, wofür wir als Menschheit bisher nur eine bescheidene Begrifflichkeit reserviert haben: Wunder – Miracle – Miracolo – Milagre – selbst die Chinesen sagen dasselbe dazu: 奇迹.

Mag sein, dass die Menschheit, insbesondere hochbegabte Wissenschaftler und Wissenschaftlerinnen, in vielen Jahren, Jahrzehnten oder Jahrhunderten erheblich weiter sein wird und viel mehr weiß und erklären kann als heute. Dann werden sie hoffentlich jegliches Mirakel entmystifiziert haben und niemand muss mehr darüber spekulieren. Bevor der Mensch Kenntnis und Verständnis von der Meteorologie gewinnen konnte, waren Donner und Blitz noch synonym mit »Zorn Gottes« geführt worden. Heute kennen wir die Zusammenhänge und wissen, wie ein Gewitter entsteht. Wir sind seit jeher auf Interpretationen angewiesen, wenn wir über etwas nicht Bescheid wissen, egal was es ist. Es mag auch sein, dass wir eines Tages so viel über Heilung und die Wirksamkeit von Heilkräften und so weiter wissen, dass jemand meinen Enkeln schon in der Grundschule erklären kann, wie Phänomene wie dieser Superstaubsauger auf dem Puig de Sant Salvador funktionieren. Heute können wir es, zumindest meinem bescheidenen Wissen nach, nicht oder eben noch nicht ergründen. Und bis meine Enkel einen besseren Durchblick haben werden als Sie und ich heute, können wir uns nur an die Sprüche halten, die uns in unserem mangelhaften Verständnis trösten. Augustinus sagte beispielsweise:»Wunder geschehen nicht im Widerspruch zur Natur, sondern nur im Widerspruch zu dem, was uns über die Natur bekannt ist.« So betrachtet wäre es viel einfacher, gar nicht von einem Wunder zu sprechen, sondern von einem Geheimnis. Ein Geheimnis ist in seiner Existenz gar nicht fraglich, nur in seiner Entschlüsselung. Es bleibt so lange ein Rätsel, bis es gelöst wird.

Für Christen im Speziellen sind Wunder allerdings in erster Sache ein Zeichen göttlichen Wirkens. Das Neue Testament – also die Biografie von Jesus Christus – ist voller diverser Wunder-Beschreibungen. Auch nach dem Tod Jesu blieb die christliche Geschichte von Wunder-Berichten durchzogen. »Für diejenigen, die an Gott glauben, ist keine Erklärung nötig. Für diejenigen, die nicht an Gott glauben, ist keine Erklärung möglich«, schrieb der halbjüdische Schriftsteller Franz Werfel, nachdem er vor den Nazis geflohen war und in dem kleinen französischen Wallfahrtsort Lourdes Unterschlupf gefunden hatte. Glauben Sie mir bitte, so logisch das klingt, so sehr scheitere ich auch an diesem Spruch, denn ich bin weder Jude noch Christ. Ich werde darauf später noch zurückkommen.

»Ein Wunder geschieht gegen jedes Wissen, gegen jedes Messen, gegen jede Logik«, habe ich in einem Internetforum gelesen. Vor allem dann, wenn es sich um

Wunderheilungen handelt – das sind außergewöhnliche, sprich paradoxe Heilungen (meist) schwerer Erkrankungen, die den Naturgesetzen zu widersprechen scheinen oder doch wenigstens den ärztlichen Diagnosen und Prognosen. In aller Regel schreiben wir vor allem Spontanheilungen dem direkten Einwirken einer göttlichen oder übernatürlichen, metaphysischen Kraft zu. Es gibt – um das auch zu erwähnen – natürlich auch viele andere Arten von Wundern, zum Beispiel Schutzwunder oder Strafwunder, Rettungswunder, Geschenkwunder und so weiter. Und wie gesagt, in früherer Zeit zählten viele Naturereignisse auch dazu, die uns heute schon lange nicht mehr wundern. Mit fällt das »Abendlied« des Dichters Matthias Claudius dazu ein: »Seht ihr den Mond dort stehen? Er ist nur halb zu sehen. Und ist doch rund und schön. So sind wohl manche Sachen, die wir getrost belachen, weil unsere Augen sie nicht sehn.« Das ist gerade einmal um die 200 Jahre alt.

Bevor ich über meine weitere gesundheitliche Entwicklung nach dem Ereignis auf dem Berg Sant Salvador Auskunft gebe, möchte ich noch auf den wohl hässlichsten Punkt an der Sache zu sprechen kommen: Böse Zungen könnten und werden höchstwahrscheinlich unterstellen, dass ich mir diese skurrile Geschichte einfach nur ausgedacht habe, vermutlich um Aufmerksamkeit zu erregen: Muss sich dieser in die Jahre gekommene Redner und Autor etwas Hanebüchenes ausdenken, um wieder ins Gespräch zu kommen? Der Gedanke ist Ihnen – Verzeihung – vielleicht auch schon gekommen. Lebt doch gerade meine Branche von Aufmerksamkeit, Sichtbarkeit und Geschichten. Je aufregender die Story, umso besser. Und mein Job ist es, andere Menschen in die Sichtbarkeit zu bringen, sie zum Leuchtturm zu machen. Ich habe es vorne schon gesagt, das Risiko muss ich eingehen. Auf die Gefahr hin, für verrückt erklärt zu werden oder doch die Hälfte meiner Auftragskunden zu verlieren. Ich will mich nicht rechtfertigen, ich will Sie nicht überzeugen. Um es auch hier kurz zu halten – ich spreche das Thema an, damit Sie sehen, dass ich mir des Vorwurfsrisikos bewusst bin. Aus meiner Perspektive darf mich das nicht interessieren, denn diese Geschichte mit dem göttlichen Staubsauger entspricht schlicht und ergreifend der Wahrheit – so wahr mir Gott helfe oder nicht helfe.

Und bin ich heute genesen? Der Arzttermin bei meinem Pneumologen, den ich kurz vor meiner Abreise vereinbart und kurz nach meiner Rückkehr wahrgenommen habe, war sehr blamabel. Mein Lungenfunktionsbild sei »vollkommen in Ordnung«, erzählte mir der Arzt. Es gebe »noch nicht mal den Ansatz« einer signifikanten Verschlechterung, wie ich sie am Telefon bei der Terminvereinbarung beschrieben hatte. Es liege also letztlich kein, schon gar kein akuter Grund vor, bei ihm vorstellig zu werden. Im Gegenteil. Seine Stimme klang ein wenig seltsam, wenn ich mich nicht täuschte. Einen kurzen Moment lang versuchte ich, das Gespräch auf das Wunder hin zu lenken, um ihm den Grund für die plötzliche Verbesserung anzutragen. »Ich war in Palma …«, hörte ich mich sagen, doch schon bei diesen ersten Worten wusste ich, dass ich bloß ungläubiges Kopfschütteln ernten würde. Er ist ein guter Arzt, sogar ein sehr guter, aber eben auch ein Schulmediziner durch und durch. Ich schätzte, seine Offenheit für Erfahrungen dieser Art lag bei null oder noch darunter. Ich schwenkte innerlich um und vollendete den Satz mit »... und das Klima hat mir sehr gutgetan«. Er nickte kurz und damit war unser Gespräch bald beendet.

Das hieß für mich im Klartext: Meine Lunge war nicht hundertprozentig fit oder gar vollständig genesen – im Sinne eines Blinden, der durch ein Wunder wieder sehen kann. Davon kann keine Rede sein. Ich war, trotz Asthma und Lungenemphysem und knapper Lebenserwartung, 20 Jahre lang extremer Raucher und habe teilweise 60 starke, filterlose Zigaretten am Tag gequalmt. Die Langzeitfolgen waren nicht einfach so verschwunden, sie sind es bis heute nicht. Auch jetzt noch habe ich keine gute Kondition, auch jetzt noch merke ich eine Anstrengung beim Treppensteigen und keuche gerne. Bis heute benötige ich mein Asthmaspray – allerdings, glücklicherweise, in ganz seltenen Momenten. Aber ich kann problemlos wieder auf der Bühne stehen und insgesamt wesentlich besser und leichter atmen als vor der Verschlimmerung Ende 2018. Ich bin auf einem guten Weg.

Tatsächlich – und das ist es, was mich so nachdenklich macht – hat dieses Wunder aber zwei Dinge bewirkt: zum einen diese gravierende gesundheitliche Verbesserung, Genesung oder Teilgenesung, wie auch immer man es nennen will. Zum anderen, und das finde ich viel aufregender und viel wichtiger, bedeutender und großartiger, ist es nicht die Linderung meiner Krankheit, sondern die ART und WEISE, wie es zu dieser Linderung meiner Krankheit gekommen ist, die mich hoffen, fühlen, glauben lässt. Ein Medikament, wenn es das gäbe, würde mir wohl auch Linderung verschaffen, aber meine Innenwelt nicht neu einrichten, erfrischen und erhellen. Nachdem ich fast ein halbes Jahrhundert »gottlos« verbracht hatte – und damit nicht automatisch zu den ganz Glücklichen zählte, wie Sie nun wissen –, konnte ich seelisch wieder aufatmen. Ja, nicht nur meine Lunge war befreit, auch mein Herz, um es einmal so simpel-romantisch zu formulieren. Nicht das Wunder selbst machte mich zufriedener, als ich vorher war, sondern allein schon die Existenz dieses Wunders. Gott hatte mich damit überrascht, und das umso mehr, als ich nicht mehr mit Ihm gerechnet hatte.

Unabhängig also von meiner körperlichen Konstitution, für deren Erhalt und gar Verbesserung ich mehr als dankbar bin, empfinde ich eine viel größere Dankbarkeit für das Erlebendürfen dieses Wunders und die Zuversicht, die sich für mich darin offenbart hat.

Mir ist erst später ein Licht aufgegangen: Bei all den Spaziergängen, die ich hatte machen müssen, wenn ich mit besagter Dame unterwegs gewesen war, hatte sie mich wie selbstverständlich fast jedes Mal irgendwo vorbeigeführt an einer heiligen religiösen Stätte – ob Kapelle oder Kirche, Grotte oder Quelle –, immer mit Marienbildnissen. Erst jetzt begreife ich, dass ich in meinem allernächsten Umkreis, da, wo ich mit meiner Familie lebe, nur einen Radius von einem Kilometer ziehen muss und gleich zwei oder drei Marienbilder vorfinde – Marter werden sie genannt, Wegstock oder auch Bildstock. Auf fast jeder meiner Fahrradtouren mache ich heute Halt an einer dieser Stätten, um mich in Dankbarkeit und Gebet wiederzufinden.

KEIN PRIVATVERGNÜGEN

Die klassische Heldenreise gibt es in Mythen, Romanen und Filmen. Aber auch in sehr interessanten therapeutischen Zusammenhängen spielt die eigene, höchst persönliche Heldenreise eine Rolle auf dem Weg zur Selbsterkenntnis. Immer verläuft die Fahrt des Helden, der Heldin durch ein System verschiedener Stationen in einer bestimmten Reihenfolge, und zwar immer mit der Option eines Happy End. Wie ich schon weiter vorne beschrieben habe, begegnen einem auf dieser Fahrt Gefahren, Drachen und so weiter. Es geht um Mut und Risikobereitschaft, um Kampf und Überwindung. Was mir schon immer daran schleierhaft erscheint, ist die Vorstellung eines einmaligen Durchlaufs. Für mein Verständnis ist das Leben eine permanente Heldenreise. Drachen sind immer da, nicht nur einmal, irgendwo am Wendepunkt. Es gibt viele Wendepunkte, im Grunde sogar ständig. Mal besiegt man den Drachen, mal nicht.

Ich glaube, unbewusst führte ich schon seit Jahrzehnten die Auseinandersetzung mit meiner Erkrankung, als ich auf den Berg stieg und meine Finger gen Maria reckte. Die Sprays hatten mir all die Jahre vorgegaukelt – und ich habe es mir selbst vorgegaukelt –, dass so halbwegs alles in Ordnung sei, bis zu diesem Zeitpunkt.

Die massive Verschlechterung meines Gesundheits-
zustands stellte eine echte Bedrohung dar, aber nicht
zum ersten Mal. Der Drachen ging häufiger in Stellung
gegen mich. Er hatte es einmal auf meine Atemfähigkeit
abgesehen, aber diesmal auch auf meinen Beruf. Mir war
ungefähr so zumute: Wenn es hieße, ich könne nicht
mehr arbeiten, würde ich mir einen frühen Tod wün-
schen. Diesbezüglich hatte mir die heilige Mutter noch
Reife zu reichen.

Von heute aus gesehen, war es wahrscheinlich gar
nicht die Erkrankung – oder bei weitem nicht nur –, die
mich belastete, mehr belastete, als ich selbst fühlen
konnte. Es gab auch ein seelisches Leiden. Und da muss
ich auch gar nicht lange suchen, um wieder bei dem
Bänkchen vor dem Altar neben meiner großen Schwes-
ter bei ihrer Trauung zu landen. Sie kennen die Geschichte bereits, ich hockte vor meinem eigenen
Erbrochenen. Und Sie wissen auch, dass ich in den Fol-
gejahren in eine Richtung manövrierte, in der ich Gott
irgendwann aus meinem Leben warf, weil ich unser
verkorkstes Verhältnis nicht mehr ertrug. Oder als so
junger Mensch nicht bewältigte. Und dann machte ich
meinen Weg allein, nicht gerade erfolglos, aber eben
allein, ohne ihn. Heute ahne ich, dass ich seine Existenz vermisst haben musste, ohne es zu merken. Sehr
wahrscheinlich war es sogar so, dass ich mich ausdrück-
lich von ihm verlassen gefühlt hatte, auch das, ohne es
zu bemerken.

Aber ich bin ja nicht der Typ, der retroperspektivisch
auf sein Leben schaut. Ich frage mich vielmehr: Warum

passiert mir das? Vor allem: Was mache ich damit? Als die Quasselstrippe, die ich nun mal bin, muss ich mir jetzt die Frage gefallen lassen, warum ich das Wunder der ganzen Welt erzählen will. Wenn ich ehrlich bin, hat das mit Wollen wenig zu tun. Wahrscheinlich sind Wunder ab einer bestimmten Dimension oder Eindrücklichkeit nicht mehr privatisierbar. Ich habe den Verdacht, dass es mir nicht einfach so »gehört«. Ich bin nicht Gottes Privatpatient. Wunder gehen alle an. Egal, wie schwierig es für mich ist, damit rauszurücken. Egal, wie skeptisch ich immer noch bin – nicht alle Tage tragen den Fingerabdruck meiner Gläubigkeit. Das ist unbestritten. Hinzu kommt, dass ich ein Sichtbarkeitsexperte bin, von Berufs wegen. Ich mache Leute sichtbar, das ist meine Kompetenz. Und eins steht fest: Maria hat ein Sichtbarkeitsproblem! Naheliegend bin ich jemand, der die Marienkunde aus subjektiver Erfahrung, aber mit objektivem Skeptizismus vortragen kann – von der Seite der Ungläubigen gesprochen und für die Welt des »weiter, noch schneller und noch mehr Erfolg«. Das ist mein Motiv.

Ich habe ein Jahr lang damit gehadert, und meine Frau hat mir vorgeworfen, noch mehr Kraft in mein Business gesteckt zu haben. Recht hat sie. Ich habe keine Saulus-Paulus-Verwandlung vorzuweisen, und mein Leben hat sich tatsächlich – von außen betrachtet – nicht wesentlich verändert. Ich bin nicht wieder in die heilige Kirche eingetreten, habe weder einen Seelsorger bestellt noch einen Beichtvater aufgesucht. Ich tendiere weder zu religionsunabhängigen spirituellen Lehrern, noch verspüre ich den Drang, mich einer Sekte, einer Sangha oder sonstigen Vereinen anzuschließen. Ich lese keine Psalmen, trage kein Kreuz um den Hals und auch keines am Rückspiegel im Auto. Es liegt mir fern, aus meiner Erfahrung ein neues religiöses Konzept zu stricken, ich ziehe nur meine persönlichen Schlussfolgerungen daraus, insbesondere die Dankbarkeit. Aber es setzt sich in mir durch, dieses Buch als Auftrag zu empfinden.

Vor meinem Publikum rede ich nicht über Gott, und ich werde auch kein Prediger. Was mir aber besser gelingt, ist, die Dinge, über die ich auf der Bühne rede, mit einem realistischeren Betrachtungshintergrund auszustatten. Ich habe nicht mehr nur mein Spray in der Tasche, sondern einen offeneren Blick für die Heiligkeit aller Menschen vor mir. Potenziale zu haben – und zwar bezüglich eines jeden –, scheint mir göttlich genug, um sie auch als göttliche, als kreative, schöpferische Talente zu bezeichnen. Jeder Teilnehmer meiner Veranstaltungen kann das werden, was er oder sie potenziell auch ist. Es kommt darauf an, sich diesen Gaben anzuvertrauen und weniger daran zu zweifeln. Unter dem Motto: Wenn Sie denn schon dieses Geschenk bekommen haben, dann geben Sie doch bitte auch Gas, es maximal zu nutzen! Gleichzeitig können Sie sich auch innerlich zurücklehnen, weil das Geschenk sagt: »Ich werde im Leben geführt.« Flow können Sie es auch nennen, ob Sie es für göttlich halten oder nicht. Es spüren und damit vorankommen können Sie allemal schon.

Menschen zu Marken und sichtbar zu machen, ist mein Job. Etwa 40 der Top 100 sind »durch meine Hände« gegangen. Maria ist eine neue Teilnehmerin in meinem

Leben, und ich könnte vor lauter Überzeugung – samt verbliebener hausgemachter Skepsis – ob ihrer Wirksamkeit kaum anders, als sie damit sichtbar zu machen. Eine Marke, wenn auch erzkatholisch, ist sie ja schon, nur aus dem Blickfeld der modernen Welt entschwunden. Wer sie neu für sich entdeckt, sollte mehr auf ihre Wirkung achten als auf ihre Erscheinung.

Ich rede immer davon, dass wir für Glück und Erfolg nicht nur viel, sondern alles tun können. Wir haben es in der Hand, immer und überall – jeder, wirklich jeder schmiedet sein Glück selbst. Bei einem Wunder ist es ein bisschen anders. Es lässt sich nicht machen, locken oder heranholen. Es ist nicht verfügbar wie Glück und Erfolg. Die Chancen auf ein Wunder sind nie garantiert, ganz im Gegenteil. Sie tauchen sporadischer auf als Eiszeiten und Naturkatastrophen. Tornados, Vulkanausbrüche oder Erdbeben kündigen sich immerhin an.

Sie können also absolut nichts tun, um in den Genuss eines Wunders zu kommen. Deshalb lohnt es sich für Sie auch nicht, darauf zu warten, höchstens damit zu rechnen. Aber wenn Ihnen ein Wunder geschieht, ist es das Ende aller Ausreden. Es gibt nichts mehr zu sagen außer »Danke«.

Ich habe es selbst erlebt.

DIE KLASSIKER

Der Begriff des Wunders lässt sich, und das scheint mir völlig logisch, vor allem vom »Sich-Wundern« ableiten. Man wundert sich, weil das, worüber man sich wundert, in irgendeiner Weise dem entgegensteht, was man erwartet. Oder es passiert eben das, was man definitiv nicht erwartet. Man wundert sich über Menschen, die Dinge tun oder sagen, mit denen man nicht gerechnet hat. Man wundert sich über ein plötzlich auftauchendes Mistwetter, weil man den Wetterbericht nicht vorher gelesen hat. Oder man wundert sich, dass der Kühlschrank leer ist. Die Wunder, die ich im Folgenden meine, sind ganz anderer Art. Sie überraschen uns mit transformativer Kraft. Sie sind »nicht von dieser Welt«, auch wenn wir sie hier in dieser Welt erleben. Sie sind einfach größer als diese Welt, also größer als das, was wir mit begrenztem, wenn auch erstaunlich komplexem Wissen bereits erklären können.

Seit jeher werden insbesondere auch erstaunliche Beobachtungen in der Natur mit dem Begriff des Wunders belegt. Wundern und Staunen liegen nah beieinander. Unerwartete, dem Offensichtlichen widersprechende Ereignisse werden auch als »Paradoxe« bezeichnet. Paradoxien sind uns seltsam, wundersam, auch wunderbar oder wundervoll.

Anfang des ersten Jahrhunderts trug der Grieche Phlegon von Tralleis eine Reihe paradoxografischer Ereignisse zusammen in einem Schriftwerk – das *Buch der Wunder*. Darin sind ungewöhnliche Erscheinungen festgehalten, die Anlass zum Staunen und Wundern gaben: beispielsweise das Phänomen unfassbar alt gewordener Menschen, das Phänomen des zwittrigen Geschlechts, sogar Ereignisse der Auferstehung von den Toten. Mit an Bord waren auch Sonnenfinsternisse. Phlegon schrieb interessanterweise auch das umfassende Werk *Olympiades*, eine Weltchronik von Eigenartigkeiten, die auch Siegesereignisse der Olympischen Spiele auf die Agenda der Wunder setzte.

Wunder haben also eine lange Geschichte. Im Lateinischen wurde der Begriff *miraculum* – das »Wunderding« – geprägt. Er bezog sich auf Sensationen, auf ein Publikum unterhaltende Dinge, so auch außergewöhnliche menschliche Leistungen. Darüber kommt man schnell auf die Abteilung der Wunder, die wir unter der Bezeichnung »Weltwunder« kennen, von Menschenhand geschaffene Großanlagen, wie zum Beispiel der »Koloss von Rhodos«, eine Statue von 30 Meter Höhe aus der Zeit um 300 v. Chr., oder aus neuerer Zeit das »Taj Mahal«, ein 1648 fertiggestelltes gigantisches Mausoleum, welches ein indischer Großmogul zum Gedenken an seine verstorbene Frau errichten ließ. Es rangieren aber auch andere Bauwerke als »Wunder« in unseren Köpfen, obwohl sie es nicht auf offizielle Listen geschafft haben, denken Sie an das herrliche Ludwig-Schloss »Neuschwanstein« oder das »Blaue Wunder«, die berühmte Elbbrücke in Dresden.

Während in früheren Jahrtausenden, als es noch kaum wissenschaftliche Erkenntnisse gab, als Wunder galt, was unerklärlich schien, unterschied man im Laufe der

Zeit zwischen solchen, für die entweder die Naturgewalten oder geniale Menschenhände verantwortlich gemacht werden konnten, und solchen, die man eindeutig höheren Kräften zuordnete – Ereignisse, die man auf eine direkte Einwirkung Gottes zurückführte. Vor der allgemeinen Anerkennung der Naturgesetze im Zuge der Aufklärung galt als Wunder, wenn ein Wesen etwas vollbringt, das nicht in seine »Zuständigkeit« fiel. Nach der Aufklärung galt »nur noch« eine Durchbrechung der Naturgesetze als Wunder.

Biblische Heilungswunder
Sowohl im Alten als auch im Neuen Testament wimmelt es nur so von Wundern, insbesondere Heilungswundern. Bereits zu Beginn der Geschichte des 40-jährigen Wüstenzuges der Israeliten wird berichtet, dass Gott die Hand des Mose heilt, nachdem er diese mit Aussatz geschlagen hat (Exodus 4,6–9). Der erblindete Jude Tobit wird durch den Engel Rafael auf wundersame Weise wieder sehend (Tobit 3,16–17), der reiche Hiob, dessen Körper von bösartigen Geschwüren nahezu zerfressen ist, durch die Gnade Gottes vor dem Tod bewahrt (Ijob 42,9–10). Am bekanntesten sind natürlich die späteren Wunder, die Jesus von Nazareth vollbrachte. Es wird berichtet, er habe Blinde (Matthäus 9,27–31), Lahme (Lukas 5,17–26), Aussätzige (Markus 1,40–45) und Besessene (Matthäus 9,32–34) geheilt, selbst Tote zum Leben erweckt, wie den getreuen Lazarus (Johannes 11,1–44). Der Apostel Petrus heilte einen Gelähmten an der Tempelpforte (Apostelgeschichte 3,1–10).

Über die theologische Bedeutung dieser Heilungen und anderer Wunderereignisse wird bis heute diskutiert. Die Standpunkte sind unterschiedlich, selbst unter denen, die daran glauben: Während manche sich auf den Aspekt des Übernatürlichen konzentrieren, der vor allem die göttliche Vollmacht Jesu demonstrieren soll, finden andere die Frage nach der Natürlichkeit oder Übernatürlichkeit der wirksamen Wunder unwesentlich. Sie schauen dabei mehr auf die heilende Zuwendung Gottes und dessen Wohlwollen. Sie erkennen darin sozusagen den göttlichen Rettungswunsch.

Levitation

Mit Levitation ist das freie Schweben eines Körpers im Raum gemeint. Das kann also Gegenstände betreffen, aber hier möchte ich vor allem über Menschen sprechen, die die Fähigkeit besitzen, ohne jegliche (technische) Hilfsmittel zu schweben. Bekannte Beispiele für Levitationen gibt es nicht nur im Christentum, sondern auch im Buddhismus und in der yogischen Tradition. Der zum Christentum konvertierte Heide Simon Magus (Apostelgeschichte 8,9–10) stellt beispielsweise ein beliebtes Motiv in der mittelalterlichen Kunstgeschichte dar. Ihm wird der Überlieferung nach diese Fähigkeit zugeschrieben. Wikipedia zählt über 230 levitierende Personen, allen voran die heilige Teresa von Ávila, der Franziskaner Josef von Copertino, die Mystikerin Katharina von Siena und unter anderem auch der Inder Maharishi Mahesh Yogi, der Begründer der »Transzendentalen Meditation«.

Stigmatisation

Der heilige Franziskus von Assisi ist wohl der bekannteste Vertreter der Stigmatisierten – Menschen, die am eigenen Körper Wundmale erfahren. In den meisten Fällen werden diese sichtbaren und manchmal blutenden Zeichen als die Wundmale Christi identifiziert – das heißt dessen Passion, Leiden nachempfunden oder zugehörig erklärt. Beispielsweise finden sich diese Male in Form von echten Wunden an den Händen und Füßen, also an den Körperstellen, an denen Jesus bei seiner Kreuzigung die Nägel eingeschlagen wurden. Seltener wird von einer Stichwunde in der Seite, unter dem Rippenbogen, berichtet. Der Kapuzinerpater Pio von Pietrelcina zählt zu den »Gezeichneten« ebenso wie die umstrittene Mystikerin Therese Neumann aus Konnersreuth, deren Stigmata vor allem auch blutige Tränen und eine kranzförmige Kopfwunde bedeuteten. Letztere erinnert an die Dornenkrone Christi, wie schon bei der Begine Christina Bruso.

Weinende Statuen

Vermeintliche Wunderzeichen werden nicht nur an lebenden Menschen beobachtet, sondern auch an heiligen Bildnissen, meist solchen der Mutter Jesu, aber auch bei Kreuzigungsdarstellungen und Heiligenikonen. Zu den Zeichen zählen in der Hauptsache Tränen, manchmal auch blutige Tränen. Sie stehen fast immer in Zusammenhang mit heilenden oder erlösenden, tröstlichen Zuschreibungen. Als eines der vielen Beispiele dafür lässt sich die Madonna von Syrakus nennen. Es wird berichtet, dass etwa 300 Heilungsgeschehen »unter ihr« stattgefunden haben – und sogar unter ihrer

Fernwirkung. Auf Malta befindet sich die Blut weinende Madonna in einer verglasten Vitrine, und im fernen Vietnam kombinieren sich sogar ölige Madonnentränen mit Rosenduft.

Himmelszeichen

Im portugiesischen Fátima soll sich 1917 das sogenannte Sonnenwunder ereignet haben, das von mehreren Tausend Menschen – über weite Strecken voneinander entfernt – beobachtet wurde: Den Berichten nach habe sich die Sonne mehrfach verfärbt, sei über den Himmel gewandert und habe sich wie ein feuriges Rad gedreht.

Unverweslichkeit

Es gilt als Kriterium besonderer Heiligkeit, wenn ein Leichnam nach vielen Jahren im Grab noch so aussieht, als sei der Tod eben erst eingetreten – und zwar ohne konservierende Maßnahmen, wie sie beispielsweise bei Mumifizierungen vorgenommen werden. Bekannte Fälle sind die 1879 verstorbene heilige Bernadette Soubirous, die Heilige Maria Magdalena von Pazzi († 1607), die heilige Catherine Labouré († 1876) in Paris oder auch der irische Königssohn Koloman († 1012) bei Stockerau. Ein interessantes wie ungeklärtes Beispiel ist auch der Ritter Kahlbutz († 1702) in Kampehl im Landkreis Ostprignitz-Ruppin in Brandenburg.

Heiliges Feuer

An das zentrale Wunder des christlichen Glaubens – die Auferstehung Jesu – erinnert die jährlich wiederkehrende Feier am Karsamstag in der Jerusalemer Grabeskirche. Der Zeremonie wohnen die Hierarchien der verschiedenen christlichen Konfessionen und einige Zehntausend Christen bei. Nach orthodoxer Überzeugung entzündet sich vor Ort in der versiegelten Grabeskapelle spontan ein Kerzenbündel »von selbst« und beginnt zu brennen – ohne jede äußere Einwirkung. Der anwesende Jerusalemer Patriarch verteilt das Licht, welches in der Anfangsphase nach zahlreichen Beobachtungen nicht verbrennt, sodass viele ihre Hände in die Flammen halten.

Das »Heilige Feuer« wird im Anschluss an die Osterzeremonien in verschiedene Länder verbracht, so nach Griechenland, Russland, Bulgarien, Rumänien, Armenien und Georgien.

Marienerscheinungen
Bei dieser Art Wunder handelt es sich um Visionen der heiligen Mutter Jesu. Aufgrund meines eigenen hautnahen Erlebnisses auf dem Puig de Sant Salvador berühren mich von allen Wunderberichten solche von Marienerscheinungen am allermeisten. Beeindruckend ich eine Reihe solcher Erscheinungen in neuerer Zeit: Während 1968 anderswo gegen Krieg und Kapitalismus protestiert wurde, glaubten in Zeitoun, einem Stadtteil Kairos, Hunderttausende, dort die Mutter Gottes samt leuchtender Tauben zu sehen. Wie einst im französischen Lourdes soll es auch hier zu vielen Krankenheilungen gekommen sein. Die koptische Kirche hat die bis 1971 dauernde Serie von Erscheinungen als Wunder anerkannt.

Das berühmte und inzwischen auch mehrfach verfilmte Wunder von Lourdes steht im Zusammenhang mit der bereits unter »Unverweslichkeit« angeführten Bernadette Soubirous, der seit 1856 die Mutter Gottes mehrfach in einer Grotte erschien.

Der Mystikerin Benoîte Rencurel erschien ab 1664 bis zu ihrem Tod 1718 die Jungfrau Maria. Viele weitere Begebenheiten werden in früherer wie neuerer Zeit weltweit berichtet, so unter anderem in Belgien, Japan, Guadalupe, Irland und Tschechien.

»Der Marientitel ›Unsere Liebe Frau‹ ist übrigens Bestandteil von Anrufungen der Gottesmutter, des Namens von Gnadenbildern und Marienfesten wie auch des Namens von Ordensgemeinschaften, Gesellschaften apostolischen Lebens, Bruderschaften, frommen Vereinigungen, Institutionen, Organisationen und Einrichtungen, die dem Patronat der Gottesmutter unterstellt sind. Viele Kirchen mit dem Patrozinium der Gottesmutter Maria tragen die Bezeichnung ›Unsere Liebe Frau‹ oder das volkstümliche ›Liebfrauen‹ im Namen« – Informationen auf Wikipedia –, was uns direkt zu der nächsten Form von Wundern bringt.

Heilungen und Wallfahrtsorte
Die meisten Wunderheilungen sind an Orten geschehen, die daraufhin zu Pilgerstätten und Wallfahrtsplätzen wurden, insbesondere dann, wenn diese Heilungen in Verbindung mit der Gottesmutter standen.

Die südwest-französische Stadt Lourdes ist in der christlichen Welt der berühmteste Wallfahrtsort. Über die mit Marienvisionen gesegnete Bernadette Soubirous habe ich schon berichtet. Im Jahr 1858 soll sich die Mutter Gottes der damals 14-Jährigen gleich mehrere Male gezeigt haben. Diese beschrieb die Erscheinung als Frauengestalt, die in gleißendes Licht gehüllt und im weißen Gewand gekleidet sei. Sie habe einen blauen Stoffgürtel, aber vor allem gelbe Rosen auf den Füßen getragen. Im Fortgang des Geschehens habe die Mutter Gottes das Mädchen zu einer Quelle mit heilendem Wasser geführt. Seither kommen Hunderttausende an den Ort, etwa 7.000 Heilungsberichte sind verzeichnet, von denen bisher 69 von der katholischen Kirche anerkannt sind.

Das portugiesische Fátima beherbergt ebenfalls einen Wallfahrtsort, an dem – wenn auch in viel geringerem Umfang – Berichte von Wunderheilungen überliefert sind. Sowohl in Lourdes als auch in Fátima befinden sich ärztliche Ausschüsse bzw. Ärztekommissionen, die sich der medizinisch-wissenschaftlichen Untersuchung und Dokumentation der zahlreichen Heilungsereignisse widmen.

Es gibt natürlich zahlreiche Berichte und Diskurse, die über die Marienheilungswunder hinaus- und weit in den Bereich der Geist- und Spontanheilungen hineinreichen, vor allem in nichtchristlichen Kontexten. Ich möchte die Aufmerksamkeit hier jedoch beschränken auf die genannten Beispiele. Sie sollen in diesem Buch auch lediglich den Horizont, vor dem ich mich mit meinem persönlichen Bericht auf Sie zubewege, zum besseren Verständnis vervollständigen. Sie, geneigte Leserin, geneigter Leser, haben in der Literatur wie auch im Internet Gelegenheit zu tieferen Recherchen; beispielsweise schrieb der Wissenschaftsreporter Frank Ochmann im *Stern* (Ausgabe vom 19.12.2018) viel Wissenswertes über Wunder, einige Zeilen aus dieser und anderen Quellen habe ich hier zusammengefasst.

Selig- und Heiligsprechungsverfahren
Die letzte Kategorie der Wunder, die ich erwähnen möchte, ergibt sich im Grunde logisch aus den anderen Sparten. Die Heiligsprechungen und Seligsprechungen durch die katholische Kirche stützen sich – außer bei Märtyrern – zumeist auf Wunder, die auf Anrufung und Fürbitte der Heiligen geschehen sein sollen. Für die dafür zuständige Kongregation (Behörde) ist ein mit wechselnden Medizinern besetzter Ausschuss tätig, außerdem Naturwissenschaftler und Theologen. Ein Detail, welches für mich sehr bedeutsam ist, besteht in der Tatsache, dass nach einer Heilig- und Seligsprechung nicht mehr *für* den Betreffenden, die Betreffende, sondern *zu ihm* bzw. *zu ihr* um Fürsprache bei Gott gebetet werden kann.

Papst Franziskus hat einmal am Petersplatz die Stirn eines Kindes berührt, das dann anscheinend von einer Krankheit geheilt wurde. War das ein Wunder? Solche Phänomene sind nicht nur bei Franziskus, sondern vorher auch schon bei Benedikt XVI. und Johannes Paul II. bekannt geworden. Unabhängig von der Wunder-Anerkennung führten diese Ereignisse nicht zu einer Heiligsprechung. Das müssen sie auch nicht. Mit dieser Anmerkung möchte ich andeuten, dass sich letztlich jede Frage nach einem tatsächlichen Wunder und der Wirksamkeit wunderartiger Ereignisse nicht über klerikale Erlasse oder Bestätigungen beantworten lässt.

Nach diesem kleinen Ausflug in die Welt der Wunder der Menschheitsgeschichte drängt es mich, noch über etwas anderes zu sprechen: Engel. Einerseits liegen uns Wunder so fern und wir belächeln gern die Vorstellung ihrer Wahrhaftigkeit. Andererseits ist uns der Begriff »Engel« so nah wie sonst kaum ein Mysterium zwischen Himmel und Erde. Schon in den mannigfachen Mythologien nahezu aller Kulturen spielen geflügelte Wesen – Boten und Helfer, Schützer und Mahner – eine wesentliche Rolle in der Vermittlung zwischen Gottheiten, Schöpfermächten und Menschen.

Ich habe irgendwo einmal gelesen – und mich darüber nicht sehr gewundert –, dass wesentlich mehr Menschen an Engel glauben als an Gott. Nicht zuletzt fühlen sich viele von Schutzengeln umgeben oder tendieren doch zumindest dazu, deren Anwesenheit zu mögen. In einer renommierten Buchhandlung fand ich zwölf Meter Regalfläche nur mit Büchern zum Thema »Engel«. Bei Amazon erscheinen Hunderte von Titeln, wenn man den Suchbegriff eintippt.

Warum eigentlich?

Kann es sein, dass wir als aufgeklärte Menschen im 21. Jahrhundert mit dem gesellschaftlich wie intellektuell recht unverfänglichen Dulden und Kosen der Engel undercover am letzten Rockzipfel eines Gottes hängen, den wir längst aus dem Blick verloren haben?

UND NUN?

Wie auch immer ich vor dem Wunder über Gott gedacht oder gelächelt habe, er hat damit etwas Gravierendes für mich getan. Er hat keine optimierte Neufassung von Hermann Scherer vorgelegt, aber mein Leben ist ja auch noch nicht zu Ende. Wir bleiben nicht auf ewig dieselben, die wir jetzt sind. Auch wenn ich glaube, dass wir uns in unserer Grundausstattung nicht wesentlich ändern. Die Frage, ob wir als Menschen hier auf der Erde sind, um uns spirituell zu entwickeln, kann ich Ihnen beim besten Willen nicht beantworten.

Das Gravierende des Wunders auf dem Puig de Sant Salvador besteht für mich darin, dass ich mich gesünder fühle, eine Art Lebensverlängerung feiern kann – ja, dass ich sogar das Gefühl habe, friedlich sterben zu können, was mir vorher nicht unbedingt als realistische Aussicht vorschwebte. Das ist mehr als genug, mehr als ich verdient – zumal auch nicht darum gebeten habe. Und diese neue Perspektive macht mich vor allem zu einem dankbareren Menschen, selbst wenn mein Leben morgen vorbei wäre. Immerhin kann ich jetzt sagen, ich habe meinen Frieden damit gemacht. Auch wenn die extreme Entlastung, die ich mit dem Griff in die Mulde der Marienfigur in spontaner wie unerklärlicher Weise erfahren habe, nicht gleichzeitig bedeutet, nun jeden Tag hüpfend vor Lebensfreude und Funken sprühend herumzulaufen – meine Mentalität ist im Grunde geblieben, aber ich empfinde sie nicht mehr als belastend. Mir fehlt nichts. Und das ist viel.

Man kann nicht nur das Wunder nicht bestimmen, denn es ist äußerst vage, ob es einem vergönnt sein wird. Den meisten Menschen wohl nicht. Noch unwahrscheinlicher ist zu bestimmen, wann man dafür bereit wäre. Man kann es sich nicht vornehmen. Wunder sind wie eine Fremdsprache, über die man staunt, auch darüber, dass andere sie beherrschen, während man selbst sie weder spricht noch erlernen kann. Angenommen, Sie würden ein Wunder erleben – was würde sich in Ihrem Leben ändern? Oder vielleicht müsste die Frage lauten: Was würde sich in Ihrem Leben ändern, wenn Sie sicher wären, dass es Gott gibt?

Ware es nicht eine große Hilfe, um jegliche Zweifel abzulegen? Nicht nur den Zweifel an Gott oder am Glauben, vielmehr den Zweifel am Leben.

Sie dürfen die Zweifel bezweifeln, mit oder ohne Wunder. Paulus sagt: »Tut alles ohne Murren und ohne Zweifel« (Philipper 2,14). »So will ich nun, dass die Männer beten an allen Orten und aufheben heilige Hände ohne Zorn und Zweifel« (1. Timotheus 2,8). »Gott hat uns nicht gegeben den Geist der Furcht« (2. Timotheus 1,7). Und Shakespeare meinte – auch wenn man ihn nicht unbedingt in einem Atemzug mit der Bibel nennen muss: »Zweifel sind Verräter, sie rauben uns, was wir gewinnen können, wenn wir nur einen Versuch wagen.«

Sollten wir, statt Zweifel zu hegen, nicht lieber Verantwortung übernehmen für uns, unser Leben, unsere Liebsten und die Welt? Schließlich hat Gott uns unsere Talente gegeben, die wir nicht unter den Scheffel stellen sollten. Der Ausdruck »sein Licht unter den Scheffel stellen« stammt übrigens auch aus der Bibel, genauer aus der bekannten Bergpredigt von Jesus. Da heißt es: »Man zündet auch nicht ein Licht an und setzt es unter einen Scheffel, sondern auf einen Leuchter; so leuchtet es allen, die im Hause sind« (Matthäus 5,15).

Ein Scheffel ist ein Behälter, mit dem früher Getreide abgemessen und transportiert wurde. Stellt man nun eine Lampe unter einen Scheffel, ist von ihrem Licht nichts mehr zu sehen. Im übertragenen Sinne bedeutet die Redensart also: »Zeige anderen, was du kannst und wofür du angetreten bist.« Jesus wollte mit dem Ausspruch seine Zuhörer auch dazu bewegen, seine Botschaft weiterzugeben und nicht unter Verschluss oder für sich zu behalten. Wenn wir also unser Licht nicht »unter den Scheffel« stellen wollen, dann sollten wir es zeigen, weithin leuchten lassen, sodass auch andere Licht haben und sehen können – oder überhaupt erst einmal entzünden.

Glauben Sie, dass Ihr Licht unter den Scheffel gehört? Welches Recht hätten Sie, damit hinter dem Berg zu halten? Ihre Talente ungenutzt zu lassen, zu verschwenden und damit zu Grabe zu tragen? Mit welcher Begründung dürften Sie im Mittelmaß Ihrer Bedeutungslosigkeit versinken wie eine Kerze, deren Licht abgedeckt bleibt? Ich glaube, dass viele Menschen keine Angst vor der Dunkelheit haben, sondern vor dem Licht – manchmal und am meisten vor ihrem eigenen Licht.

Marianne Williamson beschreibt es in ihrem in der »Szene« sehr bekannten und vielfach zitierten Text (aus ihrem lesenswerten Buch *Rückkehr aus Liebe* oder auch auf der Website Yogazeit, *https://www.yogazeit.at/ un-sere-tiefste-angst-ein-text-von-marianne-williamson/*) auf eindrückliche Weise:

»*Unsere tiefste Angst ist nicht, dass wir unzulänglich, un-sere tiefste Angst ist, dass wir über die Maßen machtvoll sind. Es ist unser Licht, vor dem wir am meisten erschrecken, nicht unsere Dunkelheit. Wir fragen uns: Wer bin ich, dass ich so brillant, großartig, talentiert, fabelhaft sein sollte? Aber wer bist du denn, dass du es nicht sein solltest? Du bist ein Kind Gottes. Dich kleinzuhalten, dient der Welt nicht. Dich kleinzuhalten, damit die anderen um dich herum sich nicht unsicher fühlen: das hat nichts mit Erleuchtung zu tun. Wir sind dazu bestimmt, zu leuchten wie Kinder. Wir sind geboren, um die Größe Gottes, der in uns lebt, zu verwirk-lichen. Und diese Größe ist nicht nur in einigen von uns, sie ist in jedem Menschen. Und wenn wir unser Licht leuchten lassen, dann geben wir unbewusst anderen Menschen die Erlaubnis, dasselbe zu tun. Wenn wir selbst von Angst frei sind, dann sind die anderen durch unser Dasein auch frei.*«

Wenn Sie mich fragen, es ist eine Frechheit, eine Unverschämtheit, auf diesem Planeten zu leben und wie ein Konsument am Rande der Arena zu sitzen und über andere zu lachen, zu werten oder zu wissen, wie diese ihre Talente hätten besser einsetzen mögen, statt selbst in den Ring des Lebens zu steigen und die Fackel der eigenen Fähigkeiten und Talente in die Höhe zu strecken, diese der Welt zu zeigen und damit aus ihr einen besseren Ort zu machen. Wir alle haben nicht nur die Aufgabe, sondern die Verantwortung, die Talente, die uns gegeben sind, zu entfalten und zu nutzen. Manchmal meinen wir, dass wir keine oder kaum Talente besitzen oder dass andere mit mehr Fähigkeiten gesegnet sind als wir. Manchmal nutzen wir aus Furcht vor Misserfolg oder Kritik unsere Talente nicht. Wir haben mehr Angst vor unseren vermeintlichen Schwächen als Respekt vor unseren potenziellen Stärken. Doch wir dürfen unsere Talente nicht verstecken. Wir müssen Gebrauch davon machen, »dass sie eure guten Werke sehen und euren Vater im Himmel preisen« (Matthäus 5,16).

Vor allem anderen dürfen wir nie vergessen, an uns selbst zu glauben. Das mag nicht jedem von Anfang an in die Wiege gelegt sein, und mancher oder manche hat vielleicht in der Kindheit nicht genug Förderliches über sich selbst gehört – von Eltern, Lehrern. Der Glaube an sich selbst kann aber wachsen, indem man beginnt, sich selbst einzuschätzen, um die eigenen Stärken und Fähigkeiten zu entdecken. Und mit Talent ist nicht das Talent im eigentlichen Sinne gemeint: eine Begabung, die jemanden zu ungewöhnlichen bzw. überdurchschnittlichen Leistungen auf einem bestimmten Gebiet befähigt. Sondern etwas, wofür wir bereit sind, unsere Zeit und Mühen aufzubringen – eben all das einzusetzen, was uns möglich ist. Fähigkeiten und Kompetenzen werden entwickelt, damit sind wir nicht geboren. Um ein angestrebtes Ziel zu erreichen, müssen wir notwendig etwas tun, was uns diesem Ziel näherbringt.

Meisterschaft muss verdient werden.

Shelley Mann ist ein Beispiel dafür: Mit sechs Jahren erkrankte sie an Kinderlähmung. Nach Wochen im Krankenhaus blieben viele Bewegungsfunktionen eingeschränkt und ein Bein gelähmt. Ihre Eltern gingen täglich mit ihr ins Schwimmbad, da sie hofften, sie würde in der Schwerelosigkeit des Wassers leichter lernen, sich wieder besser zu bewegen. Als es ihr zum ersten Mal gelang, sich im Wasser aus eigener Kraft fortzubewegen, weinte sie vor Freude. Dann setzte sie sich zum Ziel, das Becken quer zu durchschwimmen, dann der Länge nach. Schließlich schaffte sie mehrere Bahnen. Sie übte immer weiter, schwamm wie um ihr Leben – hielt durch, Tag um Tag. Bis sie die olympische Goldmedaille im Schmetterlingsstil, dem schwierigsten Schwimmstil von allen, gewann.

Ich finde dieses Beispiel ermutigend. Es gibt immer eine Ausgangsposition, von der aus wir starten. Eventuell können wir noch Fertigkeiten erwerben, die für die Entfaltung unserer Talente notwendig sind. Wir besuchen einen Kurs, lesen ein Buch, suchen nach Gelegenheiten, praktische Erfahrungen zu machen. Ausbildung ist keine Sache der Jugend allein, lernen kann man bis ins hohe Alter. Die berühmte Malerin Georgia O'Keeffe verlor mit über 80 Jahren mehr und mehr ihr Augenlicht, was sie nicht davon abhielt, sich noch einmal ein völlig neues Betätigungsfeld anzueignen: Sie begann, Keramiken herzustellen. Ich bin mir sicher, dass man das nicht mal eben so nebenbei lernen kann. Töpferei oder auch Bildhauerei sind völlig andere Fähigkeitsbereiche als die Malerei. Im Fall der O'Keeffe hat es sich zudem gelohnt, denn sie arbeitete bis zu ihrem Tod, sie wurde 98 Jahre alt. Apropos umlernen, denken Sie an Beethoven: Seine größten Werke schrieb er, nachdem er taub geworden war. Ich schätze, auch wenn er Noten und Melodien im Kopf hatte, musste er erst neu lernen, seine Ideen ohne Hörproben umzusetzen.

Außerdem dürfen wir üben, denn viel Übung kann Talente ersetzen. Ich kenne so viele untalentierte Menschen, die so viel geübt haben, dass sie den Talentierten längst davongelaufen sind. Die Frage ist nicht, wie wir unsere vermeintlichen Schwächen loswerden, um dann endlich unsere Talente auf die Bühne unseres Lebens zu holen. Die Frage ist: Wie können wir uns *trotz* unserer Schwächen als talentiert erweisen? Selbsterkenntnis, Wollen, Lernen, Üben – aber vor allem müssen wir andere an unseren Talenten teilhaben lassen. Sie wachsen dadurch, dass wir sie nutzen. Wenn andere daran beteiligt sind, ergeben sich automatisch förderliche Situationen, die wiederum unsere Talente stärken.

Diese Schritte fallen möglicherweise leichter, wenn man um die eigene Verantwortung weiß, wenn man sich dessen bewusst ist, dass es auf jeden Einzelnen ankommt. Und diese Überzeugung gewinnt man womöglich schneller, wenn man davon ausgeht, dass es etwas Größeres gibt als uns Menschen – bleiben wir bei dem Begriff »Gott«, der Einfachheit halber. Betrachten Sie Ihr Talent, Ihre Ideen, Ihre Profession als Segen, dann sind Sie eher geneigt, sie weise zu nutzen. Daran kann ja nichts falsch sein, egal wie unsicher es Ihnen scheint, dass Gott überhaupt existiert.

Ein Talent ist eine Art Treuhandschaft – in dem biblischen Gleichnis ist es anvertrautes Gut oder Geld, für das wir logischerweise verantwortlich sind. Als Treuhänder haben wir uns gefälligst darum zu kümmern, dass dieses anvertraute Gut wächst und gedeiht (Matthäus 25,14–30). Wenn wir unsere Talente entwickeln und sie zum Wohl anderer einsetzen, vollbringen wir gute Taten. Selbst wenn Sie sich Gott egal sein lassen und auf seinen Segen pfeifen, haben Sie immer noch gute Chancen, Freude und Dank zu ernten, Sinn zu stiften oder Anerkennung zu bekommen.

Wer sich seine Träume erfüllen will, lernt dabei auch Selbstdisziplin. Aber zuerst muss er oder sie aufwachen und sich an die eigenen Träume erinnern. Dieses Buch ist Ihr Wecker! Wie oft sagten Sie schon im Stillen: »Gib mir ein Zeichen«? Dieses Buch ist ein Zeichen.

Ihr Zeichen!

ZWEIFELPARADE

Selbst wenn es Talente-Zeichen oberster Eindeutigkeit vom Himmel regnet, was machen die meisten? Zweifeln! Ich bin – mehr oder weniger war – Experte im Zweifeln, ich darf das so sagen. Aber ich möchte zu bedenken geben: Wissen heißt, nicht zweifeln, auch nicht an sich selbst. Und man könnte Zeichen und Indizien durchaus mehr dem Wissen zurechnen, wenn man sich die Fadenscheinigkeit der Zweifelparade einmal genauer anschaut. In meinem Berufsleben werde ich ständig – ja, schon programmatisch konfrontiert mit skeptischen Einwänden und dem reflexhaft-misstrauischen »Aber ...« so vieler Menschen. Wenn ich von Erfolg rede, insbesondere dem, der jedem und jeder offensteht, bekomme ich es in der ersten Reaktion mit dem schlimmsten Feind des Erfolges zu tun, dem zweifelnden Kontra. Es dauert immer eine Weile, bis die Top Ten der Zweifel-Charts abgearbeitet sind. Deshalb möchte ich diese hier gleich vorwegnehmen.

Ich bin nicht gut genug.
Wie gut möchten Sie denn sein? Perfekt? Sie werden vorher sterben! Ich weiß nicht, woran dieses »gut genug« zu messen wäre. Im Vergleich mögen wir schlecht abschneiden, aber auch nur, wenn wir nach Vergleichsgrößen suchen, die völlig abwegig sind. Wenn Sie nicht der sportliche Typ sind, von Natur aus, selbst wenn Sie sich fit fühlen, nützt es nichts, sich mit Olympioniken zu messen. Wenn wir an unseren Voraussetzungen zweifeln, vermeiden wir, es überhaupt zu versuchen. Und wenn wir das gefürchtete Scheitern vorwegnehmen, kommen wir nie in die Verlegenheit, erfolgreich zu sein. Ebenso unsinnig ist es, sich an dem zu orientieren, was uns die Werbung vorgibt: Fakes!

Ich bin zu jung/zu alt.
Mein jüngster Teilnehmer und Slam-Weltrekordsieger war 15 Jahre alt, mein ältester 84 Jahre, genauso alt wie Mutter Teresa zu ihrer besten Zeit. Das Alter kann immer danebenliegen, es kann ebenso perfekt passen. Wenn Sie mit 50 Ihren Beruf noch mal wechseln, samt Ausbil-

dung und Praktikum, na und? Sie wissen ja nicht, ob Sie Ihre neue Arbeit – die Sie dann hoffentlich sehr viel mehr lieben als Ihre jetzige – noch 40 Jahre ausüben werden. Wenn es nur fünf sind, sind es höchstwahrscheinlich fünf gute, oder nicht? Das gilt für die Jugend in gleicher Weise. Es gibt immer nur einen Tag: heute. Mehr wissen wir nicht.

Ich kann das nicht/ich habe kein Talent.

Sie hatten keinerlei, wirklich null Lebenserfahrung und sind trotzdem geboren worden. Schon allein das ist ein Wunder. Und es hat auch funktioniert, denn Sie haben alles vorgefunden, was Sie brauchen, und wenn Ihnen etwas fehlt, dann haben Sie gelernt, es zu besorgen. Wir alle konnten gar nichts, als wir auf die Welt kamen – nicht essen, nicht laufen, nicht sprechen. Und wir haben es trotzdem alle geschafft. Weil wir lernfähig sind, weil wir ausgeprägte Instinkte haben und weil wir über eine geniale Motivation verfügen: Neugier. Was auch immer Sie interessiert, folgen Sie der Spur. Solange Sie das, was Sie interessiert, selbst erforschen, gehört es zu Ihnen. Das trifft auf jedes Hobby zu, auf jeden Job und sogar auf Ihre Frau oder Ihren Mann.

Was sollen die Leute denken?

Kein Satz hat mehr Leben zerstört und Ideenbrachen erzeugt als dieser. Nur weil irgendein Nachbar, der nicht auf Ihrem Spielfeld steht, ausgerechnet Ihnen erklären will, wie Ihr Leben funktioniert – oder funktionieren soll? Oder weil irgendein Hasspeter Ihnen einen Dislike gegeben hat? Denken Sie daran: Es gibt immer Leute, die Ihnen Antwort geben auf Fragen, die Sie gar nicht gestellt haben. Niemand kennt Ihren Weg, das wissen Sie schon deshalb so genau, weil Sie ihn selbst noch nicht kennen, solange Sie ihn nicht gehen. »Geh du deinen Weg und lass die Leute reden!«, sagte der Dichter und Philosoph Dante Alighieri. Dieser Empfehlung schließe ich mich zu 100 Prozent an. Ich bin das beste Beispiel dafür, indem ich dieses Buch veröffentliche. Was denken Sie denn, was die Leute dazu sagen werden? Sie werden reden, reden, reden … Na, und?

Ich kenne den Sinn meines Lebens (noch) nicht.
Sie haben Ihr Why noch nicht gefunden? Warten Sie bitte nicht darauf, denn sonst warten Sie bis zum Sankt-Nimmerleins-Tag. Das Leben geht auch ohne Why und ohne ein Haumichtot. Das große Geheimnis des Lebens ist, dass es kein Geheimnis des Lebens gibt. Wissenschaftlich und kosmologisch gesehen ist das Leben sowieso vollkommen sinnlos. Es gibt keinen Plan – Gott hin oder her – und es ist dem Universum vollkommen egal, ob es den Planeten Erde gibt oder nicht. Wir können nur selbst Sinn stiften, nach dem Credo von Pippi Langstrumpf: »Ich mach mir die Welt, widdewiddewie sie mir gefällt …«

Ich habe zu viele Verletzungen aus der Vergangenheit.
Ich kenne keinen erfolgreichen Menschen, der keine Narben hat. Im Gegenteil, die Anzahl der Lebensnarben scheint in direktem Zusammenhang zur Größe des Erfolges zu stehen. Krisen sind Chancen, das ist kein Geheimnis. Unsere Vergangenheit, unsere Biografie ist die Geschichte der Überwindungen, der besiegten und unbesiegten Drachen auf unserer Heldenreise. An den

Kämpfen sind wir gewachsen, vielleicht auch gescheitert, aber wir stehen ja hier – jetzt, mit all dem, was wir geschafft und auch verloren haben. Mit all unseren Erfahrungen, ohne die wir Leben gar nicht begreifen könnten, sofern das überhaupt möglich ist.

Wenn Sie glauben, Versehrter, Versehrte zu sein und deshalb nicht mehr in der Lage, Ihren Weg zu gehen, dann sind Sie in bester Gesellschaft. Weil Sie, wenn Sie jetzt anfangen, sich zu bewegen, merken werden, dass wir alle unsere hässlichen Geschichten in die Tasche stecken können, sonst würde die Welt stillstehen – aber das tut sie ganz und gar nicht. Im Gegenteil, sie dreht sich und nimmt Sie auf ihren Umdrehungen einfach mit. Gravitation nimmt keine Rücksicht auf Ihre Narben. Seien Sie froh, dass es Narben sind und keine offenen Wunden.

Ich habe keine Zeit.
Jeder Tag hat 24 Stunden, für jeden – für Sie und mich. Wir alle haben gleich viel Zeit pro Tag, und für uns alle bleibt der Termin unseres letzten Atemzuges ein Geheimnis. Wir haben täglich genauso viel Zeit wie der Papst, Olaf Scholz oder Kim Kardashian. Der Hinweis »Carpe diem« ist eigentlich viel zu billig für dieses Buch, er untergräbt obendrein Ihre Intelligenz. Ich will ihn trotzdem an Sie loswerden, weil ich der Kandidat eins der Zeitlosen bin, immer unterwegs, mit überbordendem Terminkalender. Wenn ich auf die Offensichtlichkeiten meines Kalenders für den Rest des Jahres 2022 schaue, sollte ich mir jeden Wunsch sparen. Und trotzdem liegen jetzt fast 58 Lebensjahre hinter mir, in denen die wesentlichsten Ereignisse nicht in Kalendern eingetragen waren.

Ich habe keinen Plan.

Das ist eine sehr gute Nachricht. Gut so. Leben ist das, was passiert, während Sie eifrig dabei sind, andere Pläne zu machen. Der Spruch ist nicht von mir, aber ich kann ihn aus eigener Erfahrung unterstreichen. Sie können sich auch die Frage stellen: Warum im Paradies planen? Wie wäre es mit genießen? Businesspläne haben noch nie funktioniert. Oftmals ist es kreativer, das Geld auszugeben und sich dann zu überlegen, wie man es wieder verdienen kann, statt einen Plan aufzustellen, der erstens nie fertig wird und zweitens nicht funktioniert. Legen Sie einen Trittstein vor den anderen, während Sie unterwegs sind. So entsteht der Weg, den Sie gehen. Und wenn Sie doch nicht darauf verzichten können, die Richtung zu planen, halten Sie den Plan möglichst flexibel. Sie können Norden, Süden, Westen und Osten schon eintragen, ebenso den Ausgangspunkt und Ihr Ziel, aber wundern Sie sich nicht, wenn Gott Sie am Ende in die Wüste schickt. Sie wissen ja nicht, ob Sie nicht genau zu dem Zeitpunkt dort landen, wenn es alle hundert Jahre mal regnet und für einen einzigen Tag Wüstenrosen blühen.

Ich habe zu wenig Geld/zu viele Schulden.

Geld tötet Kreativität, wussten Sie das? So viele haben so vieles erschaffen *ohne* eine große Investition, dagegen haben so viele so wenig erschaffen *mit* einer großen Investition. Dieses Argument ins Feld zu führen, ist mein Metier. Ich habe die einen wie die anderen erlebt, es ist wirklich so. Kein Geld zu haben, ist kein Alibi. Schulden zu haben, ebenso wenig. SCHULden sind oft die beste SCHULe, denn es bedeutet, sein Wort zu halten und für sich einzustehen. Ich selbst kann ein Lied davon singen: Ich wäre nie Redner geworden, hätte ich nicht auf den 4,8 Millionen meines Vaters gesessen. Nur so konnte – und musste – ich das Groß-Denken lernen.

Nichtsdestotrotz wünsche ich mir Reichtum für alle, insbesondere den der Gesundheit – wenn ich an Emma, eine Freundin meiner Tochter, denke, der mit einem größeren Geldbeutel eventuell der Tod erspart geblieben wäre …

Aber ich muss doch (erst noch) …
Sie müssen gar nichts! Auch nicht die Welt retten, Ihren Hund, Ihre kaputte Ehe. Wenn Sie leben wollen, dann müssen Sie atmen, essen, trinken, ausscheiden, sich warm halten und schlafen. Das sind sechs Dinge – das ist wirklich schon alles –, die Sie müssen, wenn Sie nicht sterben wollen. »Kein Mensch muss müssen«, ließ Gotthold Ephraim Lessing seinen Weisen Nathan dem Derwisch entgegenhalten. Die Wahrheit ist: Jedes Müssen setzt Wollen voraus. Und ich garantiere Ihnen, wenn Sie ab heute nur noch das Wort »wollen« benutzen und das Wort »müssen« aus Ihrem Vokabular streichen, werden Sie nur noch das tun, was Sie »wirklich wirklich wollen« – frei nach Frithjof Bergmann, dem Begründer der New-Work-Bewegung in den USA.

Neben den Top Ten existieren noch jede Menge andere Zweifel, wie Sie sich selbst denken können: Zweifel über das eigene Potenzial oder Zweifel darüber, ob man nun einen Privatjet nehmen sollte oder nicht. Was Letzteres betrifft, bin ich froh, dass ich es getan habe. So häufig zweifeln wir und tun nicht alles, was getan werden muss. Dann sagen wir gerne: »Ich habe alles versucht.« Einen Bullshit haben wir! Wir haben garantiert nicht alles versucht!

Denn es gibt immer ein Trotzdem!

TROTZDEM ...

... *weitermachen, auch wenn man schon alles versucht hat.*
... *an Gott glauben, ohne zu wissen, dass es ihn gibt.*
   (Nun wissen Sie es!)
... *an die Liebe zu glauben, ohne zu wissen,*
   ob sie erwidert oder dauerhaft bestehen wird.
... *an den Erfolg glauben, ohne zu wissen,*
   wann und wie er kommt.
... *weitermachen, auch wenn es ein Risiko bedeutet.*

Möglicherweise gelingt Ihnen genau dieses Trotzdem nun viel eher mit der Vorstellung, dass es da noch etwas gibt, eine Kraft. Gott. Vielleicht tun Sie jetzt das, was Sie tun, viel gelassener, weil Sie sich in irgendeiner Weise beschützt fühlen. Das wäre der richtige Zeitpunkt, Ihre Ängste und Zweifel loszulassen. Denn nur wer loslässt, hat zwei Hände frei, um sein Leben in die Hand zu nehmen. Oder, wie Zen-Meister Shido Bunan Zenji (17. Jh.) es formulierte: »Stirb, solange du lebst, und sei völlig erloschen, dann tu, was du willst, und alles ist gut.«

Für jedes Trotzdem brauchen wir auch eine Ermutigung. Zuspruch ist manchmal schon der halbe Weg, daher wundert es mich immer wieder, warum wir im Allgemeinen so sparsam damit sind. Ich meine ja nicht, dass wir uns gegenseitig anfeuern sollten wie im Fußballstadion oder dass wir einander wie Cheerleader mit Pompons zuwedeln. Gutes, kraftvolles Zureden stärkt enorm, erst recht, wenn es kollegial oder freundschaftlich gemeint ist.

Das können Sie sogar für sich selbst ganz allein erledigen. Ich stelle Ihnen hier ein paar affirmative Sätze zur Verfügung, die geeignet sind, wie stille Gebete gesprochen zu werden:

Ich vertraue.

Ich vertraue der Welt. Ich vertraue meinen Taten. Ich vertraue mir selbst.

Ich gebe mich ganz und mache mein Leben zu einem Meisterwerk.

Ich habe mir etwas versprochen, jetzt wird es Zeit, mein Versprechen einzulösen.

Gott führt mich.

Gott schützt mich.

Gott ist da, auch wenn ich es nicht merke – und auch, wenn ich es nicht glaube.

Oder wenn es Ihnen doch lieber ist, »Leben« anstelle von »Gott« zu sagen:

Das Leben zeigt mir, worauf es ankommt.

Das Leben zeigt mir die Schönheit des Lebens und die Dinge, die ich nicht sehen will.

Das Leben raubt mir die Illusionen, um mir die Wahrheit zu schenken.

Das Leben ent-täuscht mich, damit ich mich nicht mehr täusche.

Das Leben nimmt mir das Überflüssige und zeigt mir das Wichtige.

Das Leben macht mich orientierungslos, damit ich mich neu ausrichten kann.

Das Leben schickt mich auf Abzweigungen und bringt mich vom Weg ab, damit ich meinen eigenen Weg finde.

Meine Lebenszeit ist begrenzt, damit ich mir Zeit nehme zu leben.

Meine Wünsche werden nicht immer erfüllt, damit ich lerne, sie zu schätzen.

Ich verliere die Sicherheit, bis ich erfahre, dass ich keine benötige.

Das Leben versetzt mich in Angst, damit sich mein Mut entfalten kann.

Das Leben tötet meine Hoffnung, damit ihr meine Handlung folgt.

Das Leben raubt mir, was ich am meisten liebe, damit ich lerne, trotzdem zu lieben.

Das Leben wiederholt meine Probleme, bis ich meine Probleme nicht mehr wiederhole.

Das Leben schenkt mir Feinde und Hasser, bis ich darin Anerkennung erkenne.

Das Leben beraubt mich vieler Dinge, bis meine Dankbarkeit Entfaltung gefunden hat.

Das Leben wird mich im Unglauben lassen, bis ich meinen Glauben gefunden habe.

Das Leben schenkt mir keine Wunder, bis ich daran glaube, dass es welche gibt.

Das Leben schenkt mir täglich Zweifel, bis ich dagegen immun geworden bin.

Das Leben verbirgt Schätze, bis ich anfange, sie zu suchen.

Das Leben lässt mich nicht in Ruhe, bis ich mir selbst inneren Frieden schenke.

Das Leben überlässt mir Körper und Seele, damit ich lerne, mich darum zu kümmern.

Das Leben wirft mich oft aus der Bahn, bis ich aufhöre, alles zu kontrollieren.

Das Leben schenkt mir unverzeihliche Situationen, bis ich mir selbst verzeihe.

Das Leben flüstert Dinge in mein Ohr, bis ich auf meine innere Stimme höre.

Das Leben lacht über mich, bis ich über mich selbst lachen kann.

Das Leben verweigert mir meine Größe, bis meine Größe zu dienen beginnt.

Das Leben verweigert mir Wunder, bis ich verstehe, dass alles ein Wunder ist.

Das Leben gibt mir nicht das, was ich will, sondern das, was ich brauche, um mich dahin zu entwickeln, dass ich bekomme, was ich will.

Das Leben enthält mir so vieles vor, bis ich merke, dass ich so vieles nicht brauche. (Und dann bekommen Sie es.)

Das Leben wird mich eines Tages verlassen, damit nur noch die Liebe bleibt. Bis dahin lässt mich das Leben immer wieder hinfallen, damit ich einmal mehr aufstehe. (Mag uns das Osterfest an die Auferstehung Christi erinnern.)

Zu den Schlussfolgerungen, die ich aus dem Ereignis auf dem Puig de Sant Salvador gezogen habe, gehört auch, dass ich es inzwischen viel passender finde, meine Gebete selbst zu formulieren und nicht mehr fremden Sätzen zu folgen. Das erleichtert mein Herz, beruhigt meinen inneren Skeptiker und hilft mir, mir selbst zu glauben – weil ich dann so spreche, wie mir wirklich zumute ist.

Wenn Sie, liebe Leserin, lieber Leser, es selbst einmal ausprobieren wollen, aber keinerlei Erfahrung damit haben, können Sie sich gerne hier anlehnen:

Herr,

... nichts passiert einfach, aber lass alles einfach passieren.

... gib unseren Aussagen mehr Wahrheit und der Wahrheit mehr Aussage.

... schenke unserer Expertise mehr Bühnen und unseren Bühnen mehr Expertise.

... setze dem Überfluss Grenzen und lasse die Grenzen überflüssig werden.

... löse die Grenzen in unserem Denken und mach unser Denken grenzenlos.

... lass uns in unserem Tun nicht von unserer Intelligenz abhalten und unser Tun intelligent sein.

... gib den Rednern ein gutes Deutsch und den Deutschen gute Redner.

... lass die Leute kein falsches Geld machen und das Geld keine falschen Leute.

... nimm uns bei unserem Wort und erinnere uns daran, sollten wir es einmal vergessen.

... lass uns wohl tätig und wohltätig sein.

... lass uns an unseren eigenen Zweifeln zweifeln, besser noch, sorge dafür, dass wir unsere Zweifel beerdigen – am besten noch heute.

... lass uns keine menschlichen Wesen sein, die spirituelle Erfahrungen machen, sondern spirituelle Wesen, die menschliche Erfahrungen machen.

Amen.

NACHWORT

»There's a crack in everything,
that's how the light gets in.«
Leonard Cohen

Die Dame, die mir damals aus der Seele gelesen hat, die mich zwei Jahre lang begleitete und die schließlich meine Hand führte, als Gott seinen Staubsauger einschaltete, ist meine Frau und die Mutter meiner Kinder.

Ich habe lange überlegt, ob und wie ich Ihnen das mitteile, und ich fürchte, es ist ihr selbst nicht ganz recht. Aber, wie ich eingangs schon sagte, ich bin wirklich gerne ein transparenter Mensch, anders fühle ich mich einfach nicht wohl. Außerdem lässt sich das googeln.

Es wird Sie nicht überraschen, wenn ich Ihnen sage, dass ich in all den Jahren, die ich mit dieser Frau verbracht habe, unzähligen Wundern – oder Ereignissen, die mehr als erstaunlich waren – bei anderen Menschen beigewohnt habe, denn das ist ihre Berufung. Sie begleitet Menschen auf deren Lebensweg und in deren spiritueller Entwicklung. Ohne sie wäre mein Wunder nicht passiert, auch wenn sie es nicht bewirkt hat. Ich würde behaupten, sie hat es mir ermöglicht – nicht nur an dem Tag auf dem Puig de Sant Salvador, sondern schon viel früher. Sie hat den Hauch meines subtilen Lebens zu mir zurückgebracht, oder mich in den Hauch meines subtilen Lebens.

Denken Sie jetzt nicht, dass das so einfach war und ist. Am Anfang fühlte es sich – trotz der großen Attraktion – so an wie: Kapitalismus trifft Liebe. Ich verstehe sie heute immer noch nicht in aller Tiefe. Wir kämpfen um jeden Millimeter unserer Wahrnehmung.

Um Ihnen das begreiflich zu machen, erzähle ich Ihnen zum Abschluss noch eine Anekdote aus unserem gemeinsamen Leben, als unsere Kinder schon da waren: In unserem Nachbarort gibt es jeden Herbst ein kleines Straßenfest, auf dem sich auch immer ein großer Stand mit Gummibärchen, süßen Fröschen, Schlümpfen, Schlangen und allem, was das süße Kinderherz begehrt, zur Selbstbedienung befindet. Bei einem dieser Feste hatte sich unser vierjähriger Sohn in einen Plastiktraktor verliebt, den man mit einer Stange – randvoll mit Liebesperlen bestückt – vor sich herschieben konnte. Noch bevor wir ins Gespräch mit dem Verkäufer kommen konnten, riss unser Sprössling den Traktor vom Tisch und begann diesen auf der Straße zu schieben. Der Süßwarenverkäufer murmelte, dass man Sachen, die man auf der Straße fährt, auch bezahlen müsse, und behandelte uns und vor allen Dingen unseren Sohn, gelinde gesagt, wenig freundlich.

Das war so gar nicht mein Fall. Ich mag grobe Unfreundlichkeit partout nicht, vor allem gegenüber Kindern. Ich erinnerte mich an eine andere Begebenheit, bei der ich einmal unsere Tochter vehement verteidigt hatte, und sah sofort rot. Da ich jedoch mittlerweile gelernt hatte, dass meine Familie, insbesondere meine Frau, es ihrerseits gar nicht leiden kann, wenn ich mit meiner ebenfalls nicht besonders freundlichen, teilweise arroganten und vor allen Dingen vernichtenden Art zurückschlage, beschloss ich kurzerhand, nichts zu sagen und einfach nur den Traktor plus diverser Tüten zu bezahlen. Innerlich, das gebe ich zu, hätte ich diesen Mann fast getötet. Innerlich beschimpfte ich ihn und zog geradezu vernichtend über ihn her. Wie gesagt, nur innerlich. Äußerlich hielt ich meinen Mund.

Das Besondere an der Geschichte ist, dass meine Frau mindestens ebenso »hellhörig« wie hellsichtig ist. Das führt häufig zu Problemen. Wenn sie etwas fragt und ich gerade antworten will, dann »hört« sie diese Antwort bereits, bevor ich sie ausgesprochen habe. Das ist insbesondere dann schwierig, wenn ich nicht ganz die Wahrheit sage. Keine Sorge, ich belüge meine Frau in relevanten Dingen nicht. Aber ich gehöre zu den Menschen, die diese täglichen kleinen Notlügen benutzen, wie übrigens – das ist wissenschaftlich bewiesen – jeder Mensch. Wenn meine Frau zum Beispiel gekocht hat und ich das Essen nicht ganz so lecker finde wie sonst, erlaube ich mir eine charmante Notlüge und antworte auf ihre Nachfrage mit den Worten »sehr gut«. Das ist der Moment, in dem sie mich mit den Worten »du Lügner« konfrontiert. Sie hört tatsächlich nicht nur das, was ich sage, sondern auch das, was ich denke. Und das führt zu allem Überfluss sogar häufig dazu, dass sie mir schon Antworten gibt oder mit mir kommuniziert, ohne abzuwarten, was ich *vorher* zu der jeweiligen Sachlage zu sagen hätte.

So war es auch an diesem Nachmittag. Irgendwann nahm sie mich zur Seite und sagte: »Hermann, ich finde es überhaupt nicht okay, dass du diesen Verkäufer, noch dazu vor den Kindern, so schrecklich rundgemacht hast!« Ich musste lachen, denn ich wusste ganz genau, dass ich keinen einzigen Ton gegen diesen Kerl gesagt hatte. Aber für sie gibt es keine Trennung zwischen der einen und der anderen Welt. Sie kann häufig gar nicht unterscheiden, ob ich etwas wirklich gesagt habe, oder ob sie einen meiner Gedanken »gehört« hat. Sie würde heute immer noch felsenfest behaupten, dass ich den Verkäufer wirklich so schlecht behandelt habe. Obwohl ich ihr mehrfach beteuert habe, dass dies nie stattgefunden hat, glaubt sie mir bis heute nicht.

Vielleicht ist es eine Frage der Anziehung, um bei dem Klischee zu bleiben: Gegensätze ziehen sich an. Die Wahrheit ist, und das kann ich nur von meiner Seite aus beleuchten, meine Seele hat sich damals in diese Frau verliebt, oder in ihre Seele. Ich haben mich von ihr erkannt gefühlt, sie hat mich auf tiefere Weise beim Namen genannt, gerufen, und ich habe sie gehört.

Ich möchte meine Frau hier nicht anpreisen. Aber ich möchte doch aussprechen, dass für mich durch sie etwas Heiliges passiert ist, und ich bin mir darüber völlig im Klaren, dass es – durch mich veröffentlicht – profan erscheinen muss. Ich kann nicht ohne sie darüber schreiben, denn ich habe Gott nicht gerufen mit ganzer Inbrunst (wir rufen alle unbewusst), sondern sie hat es gefügt. Was ich kann, in meinem Beruf, können viele. Was sie kann, in dem, was sie tut, können nur die wenigsten. Ich bin ihr größter Fan und Befürworter. Das liegt auch daran, dass wir eben beide einer Arbeit nachgehen, die Menschen und deren Potenzialen gewidmet ist – auf sehr unterschiedliche Weise. Es verbindet uns die Motivation.

Happy wife, happy life? So einfach ist es eben nicht. Natürlich macht mich meine Frau über die Maßen glücklich. Das hat aber nie etwas an meiner Melancholie geändert. Sie musste gewusst haben, dass es eine Sache zwischen mir und Gott war. Ein Glück, dass sie mir mit ihrer Liebe die Tür geöffnet hat, dieser Sache doch noch, nach so vielen Lebensjahren, nachzugehen. Mich dieser Sache zu stellen. Und diese Sache ist noch nicht zu Ende, sie ist nach wie vor im Prozess begriffen. Mein spiritueller Genius lässt noch auf sich warten, vielleicht werde ich ihn zu Lebzeiten nicht mehr treffen. Gott existiert, das haben wir beide – er und ich – miteinander geklärt, wohlgemerkt, ich im Kniefall. Vor allem die Größenverhältnisse sind geklärt. Ich bin total einverstanden. Und doch bleibt mein Erleben ohne Abschluss. Mit mir geht eine offene Frage, die bleibt. Die Magie liegt im offenen Ende.

Aus meiner Perspektive kann es auch gar nicht anders sein: Gott lässt sich nicht beantworten. Deshalb bin ich kein Freund von Vereinen und Vereinsregeln. Ich glaube nicht, dass Gott in der Bibel zu finden ist, auch wenn dort viele interessante und hilfreiche Informationen über ihn drinstehen. Noch weniger glaube ich, dass der Katechismus Gott beherbergt, und ich finde, jede Hörigkeit gegenüber Institutionen ist in unserer modernen Zeit überholt. Wir sind als Menschen ermächtigt, unser eigenes Glaubensbekenntnis zu formulieren. Wir müssen nicht alle dasselbe beten, es wäre auch unglaubwürdig. Wir sind inzwischen so individualisiert, dass jeder und jede nur seine und ihre eigene Empfindung ausdrücken sollte, wenn er oder sie authentisch beten will.

Wir sind alle Gotteskinder. Wunderkinder. Wunder über Wunder würden Bücher füllen. Heilung geschieht ohne Ende. Selbst mit großer Skepsis komme ich nicht daran vorbei. All das lässt sich nicht in Worte und Zeilen fassen. Man muss die Dinge sehen. Nicht, um sie zu verstehen, sondern um den Funken des Unglaublichen zu inhalieren.

DANKE

Liebe Leserin, lieber Leser,

ich danke Ihnen aufrichtig, sollten Sie bis hierher gelesen haben und nicht irgendwo ausgestiegen sein. Ihr Interesse an dieser sehr persönlichen Lektüre ehrt mich. Ich freue ich mich über jedes Feedback und jeden Diskurs, den Sie mir gerne an

h.scherer@hermannscherer.com

senden können. Oder über Ihre Berichte, denn möglicherweise haben Sie selbst ein Wunder erlebt – oder eben Zweifel daran. Oder Sie fragen, was Sie damit anfangen können. Wenn Sie Lust haben, mir vehement zu widersprechen, sind Sie auch dazu herzlich eingeladen. Als Skeptiker erreichen Sie mich immer. Als Verständnislosen sowieso. Seit Anfang 2019 nun auch als Demütigen, und als Gesprächsbereiten meiner Berufung gemäß.

Danke …
… an das gesamte Team von Palma – all diejenigen, die dabei waren, und ebenso an all diejenigen, die nicht dabei waren und im Büro die Stellung gehalten haben.

Danke …
… an Benno Wiederstein – ein ganz großartiger Pastor, der einmal so schön bei der Taufe gefragt hat: »Willst du, dass Jesus dein Freund ist? Willst du der Freund von Jesus sein?«

Danke …

… an Gott und das Leben, denn ich kann glücklich sterben. Ich habe alles erlebt, was für mich wichtig ist. Nicht
nur, dass ich das Gewöhnliche auf Erden erleben durfte:
Erfolg haben, schöne Autos fahren, Reisen machen, in
einem schönen Haus leben. Auch das Außergewöhnliche und ungleich Kostbarere durfte ich erleben: einen
Baum pflanzen, einen Engel heiraten und zwei wunder-
bare Kinder in die Welt setzen – buchstäblich und pro-
phetisch: »Und Gott sah an alles, was er gemacht hatte,
und sieh, es war sehr gut« (Genesis 1.31).

Danke …
… an das Wunder, welches ich erleben durfte.

Danke …
… an meine Frau.

Danke …
… an meine Tochter, meinen Sohn.

Danke …
… an die heilige Mutter Maria.

DER AUTOR

Hermann Scherer (* 1964) ist ein deutscher Autor und Vortragsredner. Er hielt bisher weit über 3.000 Vorträge vor rund einer Million Menschen in mehr als 3.000 Unternehmen in über 30 Ländern, veröffentlichte 50 Bücher in 18 Sprachen. Im Bereich Forschung und Lehre war er an 18 europäischen Universitäten tätig und gründete mehr als 30 erfolgreiche Firmen, meist in Marktführerschaft.

In seiner anhaltenden Beratertätigkeit bringt er immer neue Impulse und Inspirationen in Welt und Wirtschaft. 2014 wurde er vom Haus der Technik e. V., dem Außeninstitut der RWTH Aachen, zum Bildungsbotschafter des »Deutschen Weiterbildungspreises« für das Land Rheinland-Pfalz ernannt.

Hermann Scherer macht Menschen zu Marken, damit sie das verdienen, was sie wert sind, und damit sie die Talente vollständig entfalten, über die sie verfügen. Er ist Mentor und Förderer für Menschen und deren Potenzialentwicklung.

FÜR MEHR INFOS UND EINE
persönliche Botschaft

www.hermannscherer.com/wunder

Wer ist KERSTIN SCHERER?

Kerstin Scherer ist eine deutsche Seminarleiterin, Rednerin, Fernsehmoderatorin, Buchautorin und spirituelle Lehrerin. Seit mehr als 20 Jahren arbeitet sie international mit Menschen und begleitet sie in schwierigen Situationen, in Krankheit, in Gesundheit und auf dem Weg zum wahren Erfolg. In ihren Seminaren liest sie in den Seelen ihrer Teilnehmerinnen und Teilnehmer, verändert Lebensprozesse und -wege.

Sie hilft Menschen bei der erfolgreichen Transformation von der inneren zur äußeren Bühne. In Unternehmen berät sie mit natürlicher Macht zum Erfolg. Ihr Ruhepol ist die Familie und die Natur. Hier kann sie Kraft tanken und wieder in ihre Mitte kommen. Ihre wichtigste Inspirationsquelle ist die Natur.

Ihre Learnings teilt sie auf den Bühnen und in Ihren Seminaren.

Für mehr Infos schreibe eine Mail an
info@kerstinscherer.com
oder besuche www.kerstinscherer.com

Wer ist HERMANN SCHERER?

Keiner hat mehr Menschen zu Marken gemacht oder mehr Redner in Deutschland auf die Bühnen gebracht als Hermann Scherer.

Nach über 3.000 Vorträgen vor rund zwei Million Menschen in über 3.000 Unternehmen in über 30 Ländern, 60 Büchern in 21 Sprachen, 1.000 Pressebeiträgen 50.000.000 Euro Umsatz, 9.000 Hotelübernachtungen, 10.000.000 Flugmeilen und Lehre an 18 europäischen Universitäten hat er über 40 Menschen auf die Liste der TOP 100 Erfolgstrainer begleitet und über 100 auf die TOP-500-Liste geholfen.

Er macht Menschen zu Marken, damit sie das verdienen was sie wert sind und den Logenplatz im Kundenkopf erobern.

Für mehr Infos schreibe eine Mail an
info@hermannscherer.com
oder besuche www.hermannscherer.com.